Collection OUTILS

SKIDIZ

**Lexique du français familier
à l'usage des étrangers
qui veulent comprendre « ce qu'ils disent »**

Hachette

Introduction

L'étranger venant en France pour mettre au point son français éprouve souvent la surprise que voici : il a passé chez lui des années à étudier cette langue. Les gens qu'il rencontre le comprennent très bien et même on le félicite souvent de la qualité de son discours :

« Comme vous parlez bien ! Vous parlez comme un livre ! ». Et pourtant il n'arrive pas toujours à bien saisir ce que les gens disent entre eux. Il s'aperçoit que les Français s'expriment souvent selon un code bien différent de celui qu'on apprend dans les écoles.

Il existe, en effet, et spécialement de nos jours, en France, une sorte de « français sauvage », qui se superpose couramment à l'expression officielle. Cela va du « français familier » à d'autres formes plus « grossières » : français « vulgaire » ou « argot ».

Celui qui use de ces formes le fait souvent sans y penser, sans avoir l'intention de choquer. Lui faire remarquer telle structure inhabituelle, lui demander l'explication de tel ou tel terme risque fort de le gêner. Cela sonne un peu comme si on attirait l'attention de quelqu'un sur la verrue qu'il a sur le nez...

C'est d'autant moins facile, d'ailleurs, que ces expressions « sauvages » se trouvent souvent sur les lèvres de personnes qui peuvent écrire dix pages de français ou prononcer un discours sans une seule impropriété de termes. Ces gens passent avec la plus grande aisance d'un registre à l'autre ; mais ils n'aiment pas beaucoup qu'on le leur signale ou qu'on les questionne à ce sujet.

L'ouvrage que voici a pour objet d'initier les étudiants non francophones à ce vocabulaire. On pense ainsi les aider à comprendre **ce que disent** les Français dans leur conversation quotidienne.

S'agit-il aussi de leur apprendre à **parler** de cette manière ? Pas nécessairement. Pour un étranger, la meilleure façon de se faire bien voir des Français, c'est encore de bien parler leur langue. Ils n'ont pas toujours très bonne conscience quand ils parlent « vulgaire ». Ils sont, d'ailleurs, beaucoup plus exigeants en cette matière pour un étranger, et encore plus pour une étrangère, que pour eux-mêmes.

Il est, de plus, fort difficile à un non-initié d'employer à bon escient des termes « populaires » ou « argotiques ». A ce jeu, on court un grand risque de se ridiculiser. Et puis, rien n'est moins stable que ce parler : certains de ses termes remontent au-delà du Moyen Age et sont toujours vivants, d'autres sont nés d'hier et passent avec la mode.

Il convient donc de ne pas se risquer sans précautions à l'emploi d'un de ces tours : Bien écouter les francophones, noter le « niveau » des interlocuteurs, le contexte, le ton du discours. Bien s'assurer qu'on n'est pas la victime d'un petit complot, les Français éprouvant souvent un certain plaisir à faire dire certains mots aux étrangers...

Puis, quand on a lâché le mot, étudier avec soin la tête des interlocuteurs. Pas de réactions ; ça passe ! Approbation bruyante ; c'est beaucoup moins bon ! Air gêné, désolé... ; ça ne doit pas être bon du tout !...

Cependant, une expression familière, glissée ici ou là dans la phrase, peut avoir un effet excellent. Elle fait tomber certaines barrières ; elle est un ticket d'entrée dans une société de camarades...

*Ce **Vocabulaire** aurait atteint son but si l'étudiant qui l'a pratiqué ne se faisait pas remarquer dans une assemblée de Français, ne demandait jamais : **Qu'est-ce qu'ils disent ?** et surtout s'il avait l'impression d'être reconnu, par les Français qu'il fréquente, comme un des leurs.*

*Chaque chapitre de ce recueil est accompagné de quelques **citations d'écrivains**. On a voulu montrer ainsi que les termes qui s'y trouvent sont bien « du français », et qu'il est utile de les connaître si on veut lire, même les « bons auteurs ».*

Comment a été composé ce vocabulaire

Ces listes ne résultent pas de la simple compilation de dictionnaires. Elles réunissent des mots qu'un étudiant étranger peut avoir entendus dans un séjour de quelques mois en France. Leur source principale est une série d'enquêtes faites, de 1963 à 1975, auprès d'étudiants non francophones participant à un cours de « Français en Évolution ». Ils ont interrogé tant les membres de leurs « familles d'accueil » que leurs camarades étudiants. Ils ont profité de leur expérience de Maîtres d'Internat ou de Répétiteurs dans les Établissements scolaires, de membres de clubs sportifs, de promeneurs ou de clients au marché, pour noter les mots qui leur paraissaient un peu étranges.

Au Cours, on a opéré un certain tri dans cette récolte. On a essayé de situer ces mots à leur « niveau » et d'en préciser le sens. On en a fait des listes qui ont, elles-mêmes, été contrôlées et appréciées.

On a pris soin de rechercher, pour les mots et expressions en français familier, un équivalent en français « normal » aussi simple que possible (colonne de gauche). Certes, nous n'avions pas obligation de respecter le lexique du « français fondamental », mais nous avons essayé de nous en écarter le moins possible.

Les étudiants se sont, dans les derniers temps surtout, servis parfois de dictionnaires. On trouvera page 86 une liste des ouvrages qui ont été particulièrement mis à profit. Mais les listes fournies ont toutes subi l'examen de la collectivité.

Non qu'on ait été très sévère sur le choix des mots : certains ont été introduits ici uniquement parce qu'on les trouvait amusants : on ne faisait pas un ouvrage scientifique !... Mais on a cherché à éliminer ceux qui n'avaient aucune chance d'être entendus.

C'est donc aux élèves de son cours de « Français en Évolution » que le compilateur de ce recueil doit exprimer sa gratitude. Il doit aussi remercier leurs « informateurs » français. Quelques-uns d'entre eux ont fait ce travail avec un certain sentiment de culpabilité, d'autres avec une ardeur un peu perverse... Il y en a eu, m'a-t-on dit, parmi eux, qui ont pris conscience, à cette occasion, de cette « deuxième langue » qu'ils parlaient tous les jours, en croyant s'exprimer en « bon français »...

Peut-être sont-ils arrivés, comme certains de leurs « enquêteurs » étrangers, comme l'auteur de ces lignes, à en apprécier la saveur un peu âcre de fruit sauvage ?

Abréviations utilisées dans cet ouvrage :

adj. :	adjectif.
alg. :	algérien.
all. :	allemand.
anc. :	ancien, employé depuis longtemps. Pas nécessairement hors d'usage.
arg. :	argot : langue créée et parlée dans certains quartiers populaires des grandes villes comme Paris. En principe, c'est « la langue des truands ». Les gens « bien élevés » méprisent cette forme d'expression, dont ils utilisent parfois certains éléments, par entraînement ou par snobisme.
arg. étud. : **arg. lycéen :** **arg. sportif :**	suivi d'un adjectif, le mot « argot » désigne l'expression particulière à un groupe social : étudiants, lycéens, enfants, sportifs...
cf. :	confer, mot latin signifiant : comparez.
chap. :	chapitre.
dépr. :	dépréciatif. Qui présente l'objet désigné comme misérable ou méprisable. = péjoratif.
dim. :	diminutif. « Les suffixes diminutifs présentent l'être, l'objet ou la qualité comme petits ou insuffisants. » (Dictionnaire de linguistique, Larousse).
enfant. :	enfantin.
étud. :	étudiant.
étym. :	étymologie : hypothèse sur l'origine du mot cité.
ex. :	exemple; par exemple.
fam. :	français « familier » = utilisé par les Français, même cultivés, quand ils ne se surveillent pas.
hisp. :	hispano- : espagnol, placé avant un autre adjectif de nationalité. Exemple : hisp.-arabe.
lit. :	français « littéraire », attesté par des ouvrages imprimés, réputés comme de bonne tenue.
pas néc. :	pas nécessaire.
pop. :	français « populaire » : parlé spontanément par les gens simples, et que les « classes cultivées » évitent comme peu convenable.
P. Rob. :	Dictionnaire Petit Robert.
pron. :	prononcer; ce mot se prononce ainsi.
qqn., qq. ch. :	quelqu'un, quelque chose.
rég. :	régional.
soutenu :	langue qui vise à une certaine pureté.
v. :	verbe.
voc. :	vocabulaire.
vulg. :	français « vulgaire » : les gens « bien élevés » considèrent que cette forme d'expression doit être laissée aux gens grossiers.
vx. :	vieux, vieilli.

1 L'école

1 LE LIEU

Nom générique : toute école.
Se dit aussi d'une usine, d'un lieu
de travail... :

la boîte (pop.) :
**une bonne boîte, une sale boîte,
quelle boîte!...
une boîte à bachot**
le bahut (arg. potache; vx.)

Le lycée (garçons)
Cours préparatoires aux Grandes Écoles :
scientifiques :
littéraires :
l'Université : (= la faculté) :

la taupe (un taupin)
la khagne (un khagneux)
la fac (on est en fac)

2 LE PERSONNEL ADMINISTRATIF ET ENSEIGNANT

Le proviseur (= directeur d'un lycée)
Le directeur, la directrice :
Le surveillant général :
Le maître d'internat, surveillant :
Le professeur :
Un professeur ennuyeux est :
Un professeur sévère est :

le provo, le protal, le proto
le (la) dirlo
le surgé (vx.)
le pion[1]
le prof
rasoir, raseur, tannant. Il barbe
vache, une vache, une bolle vache,
une peau de vache, pète-sec
rosse : Il est rosse. Il saque...

3 LE PERSONNEL ENSEIGNÉ : LES ÉLÈVES

Les lycéens, ou les collégiens :
Noms spécifiques pour
certaines écoles :

les potaches (anc. 1858; cf. P. Rob.)
les carabins (médecine)
les potards (pharmaciens)
les gars d'z'Arts (Arts et Métiers), etc.
L'X, un X (Polytechnique)
Supélec (École Supérieure d'Électricité)

---

1. « Pion » n'est pas pris nécessairement dans un sens dépréciatif : les « maîtres d'internat », surveillants, préfets de division..., etc., se désignent ordinairement entre eux sous ce titre. Exemple : « Il a trouvé une place de pion à... » Ils désignent leur situation du nom de « pionicat », sur le modèle de « pontificat »...

5

| L'élève passionné, « polarisé » par telle étude est : | un polard; **il est polard**[2] |
| L'élève très brillant est « un as » : | un crack; **il « fait la pige à tout le monde... ».** Il a une **grosse tête** (dépr.) |

4 INSTRUMENTS ET MOBILIER

Les livres :	les bouquins, un gros (petit) bouquin
Le dictionnaire :	le dico (arg. lycéen)
Le tableau noir :	la planche

5 LE TRAVAIL SCOLAIRE

Matières diverses ; disciplines :	les maths, la géo, la gym...
Une épreuve contrôlée, une composition :	une colle, un D.S. (Devoir surveillé) une compo, une compote (arg. enfant.)
Des travaux pratiques :	des T.P.
Des manipulations :	des manip.
On écrit, d'une manière peu lisible :	on gribouille
On prend un cours par écrit, sous dictée :	on gratte
On expose une question :	on planche (oralement) on pond (un travail écrit)
On ne trouve pas la réponse, la solution :	on sèche[3]
On s'embrouille, on comprend mal :	on nage, on foire (vulg.) , on vasouille
On comprend :	on pige **vous pigez ?**...
On lit (des livres) :	on bouquine
On prépare un examen (d'une manière stupide)	on bachote (le bachotage) on potasse (une matière)
On fraude pour une composition : On utilise des notes ou on copie sur son voisin :	on pompe, on bidoche (bidochage)
On emploie des procédés déloyaux :	on carotte

---

2. *« Polard » désigne aussi : un roman policier. « J'ai lu un polard avant de m'endormir... »*

3. *On manque volontairement un cours : on sèche un cours.*

6 CURRICULUM VITAE DE L'ÉCOLIER OU DE L'ÉTUDIANT

En entrant à la Faculté ou à l'École
supérieure, il est un nouveau,
un novice :   un bizuth, un bizut
Il peut avoir à subir les épreuves :   du bizuthage[4], bizutage
Avant de devenir un vénérable :   ancien
Ou, même, avec le temps :   un carré, un cube, un archicube...

7 ACTIVITÉS NON SCOLAIRES

Entre deux cours, on peut avoir un
temps libre, une « récréation » :   une récré (enfant.), un intercours
Des écoliers peuvent manifester leur
mauvaise humeur en faisant du :   chahut, du chambard (ils chahutent)
Le plus audacieux pousse :   une gueulante
Il n'a pas eu peur de :   se mouiller
On va défiler dans les rues en formant :   un monôme
Ou une manifestation moins pacifique :   une manif

1. Au début de l'année, on brime les nouveaux venus.

Le vocabulaire des écoliers et des étudiants est en évolution constante. Il peut varier d'une ville à l'autre, et même d'une école à l'autre. On n'a noté ici que des mots qui ont acquis une certaine stabilité et qu'on peut trouver dans des textes imprimés.

**La grande défaite, c'est de crever sans comprendre jamais
jusqu'à quel point les hommes sont vaches (Céline)**

T'as l'air gentil mais t'es une belle vache tout dans le fond ! (Céline)

**Darseval « bosse », Vigerie « chiade », Cayrolle « rupine »,
chacun son mot familier (Cesbron)**

**Il a commencé par me faire sauter la colle
pour laquelle je venais le trouver (Cesbron)**

Elle entend garder le monopole des gueulantes... (Sarrasin)

Bourdaloux pigera tout de suite !... (Gibeau)

Une bande de feignants ! C'est bien les Français d'aujourd'hui ! (Montherlant)

Les gens, sitôt qu'il s'agit de se mouiller, ils ne bougent plus (Pinget)

J'ai souffert de ces rédactions loupées (Pinget)

Je tourne avec intérêt les pages de mon bouquin (Sarrasin)

8 EXAMENS ET SANCTIONS

Si on a manqué un examen, on a raté,
on a échoué :

on est collé, recalé
on a loupé telle ou telle question
on est tombé sur un bec
on est dans les choux

La lettre qui vous informe
du résultat est :

une collante

9 DIVERS TYPES D'ÉCOLIERS

L'élève paresseux est :

un cancre, un fainéant, un feignant (vulg.),
un flemmard; **il a la flemme;**
un cossard

Il ne fait rien :

il n'en fiche pas une ramée, pas une secousse

Il est paresseux, fainéant comme :

un loir, une couleuvre, une souche

Il passe, distraitement,
d'un sujet à l'autre :

il papillonne

L'élève qui veut se faire bien voir
du professeur par une affectation
de travail :

un fayot, il fayote

Il pratique :

la lèche, le lèche-bottes

S'il dénonce ses camarades à
l'autorité :

il moucharde, il cafarde

C'est alors :

un mouchard, un cafard

Le préféré, le favori, du professeur, c'est :

son chou, son chouchou, sa chouchoute

2 L'argent

1 LA CHOSE

**L'argent considéré en général,
ou d'une façon abstraite :**
sert à nourrir, à faire vivre : du fric, de l'oseille (vulg.) de l'artiche (arg.)
de la galette (cf. l'all. « Geld » ?)

On le soupèse dans la main : du pèze (cf. esp.« peso »)
du pèse, du pognon (pop. vx.)

Ça brille : de la braise (vulg.)
Mot arabe : du flouze, du flouss (vx ?), du flouse
De la petite monnaie : de la bigaille (vulg. cf. « picaillons »)
Des billets de banque : des biftons, des talbins (arg.)

• Pièces de monnaie
roulent, tintent... : des sous, un petit sou (pop.), des ronds,
des pépètes, des picaillons

(S'emploie toujours avec un chiffre) : « cent balles » :
**ça va chercher
dans les mille balles!** ⟨= francs)

L'unité, en argot truand : une brique = un million ancien :
une liasse de 100 billets de 100 francs)
« il a fait un casse pour quinze briques... »

2 MANQUE D'ARGENT, PAUVRETÉ, MISÈRE...

On est : dans la dèche (cf. déchéance), ⎫
la débine, la mouise (vulg. pop.) ⎬ (vx.)
⎭

On n'a pas du tout d'argent : on est : fauché comme les blés,
à zéro, à sec, épongé, lessivé

On a de gros ennuis d'argent : on est : dans le pétrin, dans la purée,
dans la mélasse, dans la panade
(voir : « malchance »)
on n'a : pas un sou, pas un rond, pas un radis,
pas un fifrelin (all. « Pfifferling »)
on est : sans un
on n'arrive pas à joindre les deux bouts

9

3 ON CHERCHE A ACQUÉRIR DE L'ARGENT

Amasser une petite fortune :   faire son beurre
Améliorer la situation :   faire bouillir la marmite
     mettre du beurre dans les épinards

Pour cela, si on n'est pas très
scrupuleux, on se met en quête d'un
individu à exploiter :   une bonne poire
     un pigeon (qu'on va « pigeonner »)
On espère qu'il pourra vous...   refiler des sous
On entreprend de le...   taper
     c'est un tapeur! Il m'a tapé de cent balles!

On a vendu qqch. dans des conditions
discutables... pas très honnêtes :   on a fourgué...
     on a fourgué une bagnole

On peut employer des moyens plus
énergiques et crier :   **aboule ton fric!** (très brutal !)
On tâche d'avoir des avantages
ou des produits pour rien :   à l'œil
On entasse ces écus amassés
patiemment dans son :   bas de laine (paysan)
On peut arriver à se constituer un bon :   matelas d'obligations
On met de l'argent :   à gauche, au frais (= économies)
On ne dépense pas facilement son
argent, si on est avare :   rat, radin, grigou, grippe-sous, près de ses sous,
     pingre, rapiat, dur à la détente

4 IL FAUT POURTANT SE DÉCIDER A VERSER DE L'ARGENT

Payer :   banquer, casquer, raquer, les allonger,
     cracher au bassinet, y aller de sa pièce

On paie ponctuellement, avec
exactitude :   recta
En dépenses, on exagère, peut-être :   on jette l'argent par les fenêtres,
     on brûle la chandelle par les deux bouts,
Pour aider ses enfants :   on se saigne aux quatre veines
     on s'est saigné à blanc
On a beau être, en affaires, rusé :   retors, ou madré (ruse paysanne)
ou direct, net :   rond ou carré (= net, sans complications)
On a pu avoir à payer une note :   salée
Au restaurant, on a reçu :   un coup de fusil
Les intermédiaires :   se sont sucrés

On a subi une certaine déconfiture :	on a bu un bouillon, laissé des plumes
Cependant, on a réglé la note	
exactement :	ric-rac

5 ENFIN, L'ENTREPRISE A RÉUSSI

On est riche :	on est : plein aux as, cossu, rupin, cousu d'or,
	bourré de fric, un richard, riche comme Crésus
	on a : le magot, le gros sac, la grosse galette,
	les moyens, le portefeuille bien garni,
	on a fait sa pelote, on roule sur l'or,
San Antonio dirait qu'on a atteint :	un grand standingue, ou standinge

6 MAIS, PEUT-ÊTRE, ALORS, VA-T-ON

Jouer gros jeu :	flamber (aux courses, au casino)
	on est un flambeur
On va perdre de grosses sommes :	on va prendre une culotte
Avoir des dettes dans les bistrots	une ardoise
ou les maisons de jeu :	un drapeau
Tomber sur une :	croqueuse de diamants
Ou sur un financier malhonnête :	un margoulin
Qui dilapide l'argent confié à lui :	il a mangé la grenouille
Ou qui part en l'emportant :	il a levé le pied

Et alors, on est ramené au problème précédent : cf. ci-dessus : 2°, 3°...

Ils gueulent, mais l'amour du fric est le plus fort (Sarrasin)

Où le caches-tu, ton sale pognon ? (Céline)

La môme n'était pas sans le rond, mais crâneuse et louftingue (Carco)

**Bon Dieu ! pensa Rabe, il n'y a donc pas moyen
d'être tranquille dans la purée !** (Mac Orlan)

C'est pendant la guerre qu'il a fait son beurre (Pinget)

Je suis tapée de cent francs tous les ans par le curé (Proust)

T'es louf !... A doit raquer, Fernande ! (Carco)

**Regardez cette liasse-là, bien vierge,
bien nette, une belle petite brique** (Anouilh)

3 Opposition : chance-malchance

1 LA CHANCE

On a de la chance :	on a : de la veine, **un coup de veine**
	du pot, **un coup de pot** (arg. jeunes, vulg.)
	du vase, du bol (arg. étud.)
	une veine de pendu, de cocu (pop. vulg.)
On est :	verni, veinard, né coiffé (anc.)

2 LA MALCHANCE

On a de la malchance : on n'a :	pas de pot, pas de veine, de chance
on a :	la déveine, la poisse, la guigne, le guignon,
La misère, c'est :	la mistoufle
On se trouve dans une situation	
critique, on est :	dans le pétrin, dans la purée, dans le cirage,
	dans la dèche, dans la mélasse, dans la débine,
	dans la mouise, dans de beaux draps! paumé
Il arrive une mésaventure :	une tuile, un pépin, un avaro (arg.)
On se fait des soucis :	de la bile (pop.), du mouron (vulg.)
	de la mousse (arg.)
Locutions : « Il devait s'y attendre ! » :	ça lui pendait au nez!
« Par malchance » :	manque de pot!
	ex. : « on était bien peinards ;
	manque de pot, v'là son père qui radine ! »
On n'a pas obtenu ce qu'on voulait :	on a fait tintin

Dis donc, j'ai eu du pot ; du premier coup j'ai trouvé une chambre... (Sartre)

Tu vas nous fout' la poisse avec ta gueule de faire-part (Carco)

Si tu avais vu ça ! Un plongeon, une dèche !... (Zola)

4 Le vêtement

1 ON S'HABILLE

On s'habille :   on se fringue
On est bien ou mal :   fringué, fagoté, nippé, sapé
On est allé chercher ses vêtements
(pauvres) :   au décrochez-moi ça
Vêtements luxueux ou recherchés :
On est :   tiré à quatre épingles
On s'est mis :   sur son trente et un, en grand tralala

2 LES VÊTEMENTS

En général :   les nippes, les fringues, les sapes (vulg.),
                                            les frusques, le saint-frusquin

**Vêtements recouvrant
l'ensemble du corps :**
Le pardessus, le manteau :   la pelure, le pardosse (vx.)
Le costume :   le costar, ou le costard
« Bleu » de travail :   une salopette
Imperméable :   un imper

Regardez-la, avec ses nippes et ses cheveux jaunes ! (Anouilh)
Tu feras un paquet de tes fringues de griveton (Mac Orlan)
**Je pouvais pas aller chez les patrons
en costard limé, rapiécé** (Céline)
**Son falzar il ne tenait plus qu'avec des ficelles
et des épingles de nourrice** (Céline)

3 SUR LA TÊTE[1]

Terme général :	le galurin, le galure
Chapeau haut-de-forme :	le gibus, le huit-reflets
Chapeau melon :	le melon, le bloum
Casquette :	la bâche, la gapette, la deffe (truand)
Chapeau mou, un peu déformé :	le bitos
Petit chapeau de dame :	un bibi, un p'tit bibi (1925)

4 TOMBANT DES ÉPAULES ET RECOUVRANT LA POITRINE, ON PORTE

Une chemise d'homme :	une liquette, une limace (arg.)
Les pans de la chemise flottant, on est :	en bannière
Un tricot de laine, un chandail :	un pull (prononcer «u», comme «mule»)

5 ENTRE LA CEINTURE ET LES PIEDS[2], ON PORTE

Le pantalon :	le falzar, le froc, le grimpant, le bénard (arg.), le futal, le fut (prononcer le « t », comme dans « but »)

6 AUX PIEDS, ON PORTE

Des chaussures :	des godillots, des godasses,
Dépréciatif ; gros souliers militaires :	des croquenots, des ribouis (ancien)
Dépréciatif ; prennent l'eau :	des pompes
Dépréciatif ; énormes :	des bateaux, des péniches
Pas nécessairement dépréciatif :	des tatanes, des targettes

7 DANS SA POCHE, ON PEUT AVOIR

Un mouchoir :	un tire-jus (pop., anc. : 1805, et grossier)

---

1. *De nos jours, on sort souvent tête nue, de sorte que les termes familiers désignant des coiffures ont pris un certain « coup de vieux ».*
2. *Théoriquement, la « culotte » va de la ceinture aux genoux, le « pantalon » de la ceinture aux chevilles. En fait ces acceptions sont souvent mélangées.*

8 IMPRESSION D'ENSEMBLE

Il est nu[3] :
Bien (ou mal habillé), Bien, ou mal :
Vêtements mal ajustés. On est :
Fichu comme :

en petite tenue, à poil (vulg.)
ficelé, fagoté, attifé, nippé, sapé, fringué
saucissonné, débraillé, dépoitraillé
l'as de pique, comme quatre sous

3. *Ne pas conf. avec l'exclamation : « Au poil » = « C'est parfait », « Ça tombe bien ».*

Il cassait les chaises à coups de pompe (Céline)

Ils avaient, en somme, que leurs os et leurs petits frocs dessus (Céline)

Un après-midi, et on vous la rend, votre pelure, Madame Eugène (Duhamel)

**Mais, Charles, c'est inadmissible! Tu ne peux pas me laisser
paraître à ce bal fagotée comme ça** (Anouilh)

S'étant assis, il remettait en silence ses tatanes (Queneau)

Il shoota vigoureusement dans un chiffon gras à portée de sa godasse (Gibeau)

Il cassait les chaises à coups de pompe

15

5 Le logement

1 HABITER

Loger quelque part :	crécher : **« où est-ce que tu crèches ? »**
	percher
Rentrer chez soi :	regagner ses pénates

2 LA MAISON

Termes dépréciatifs :	la baraque, la bicoque, la cahute
Argot militaire : abri, tente :	la cagna, la guitoune
Mot venu de l'arabe :	le gourbi
Marine voc. dialectal :	la cambuse,
Le propriétaire, le logeur :	le proprio
La concierge :	la pipelette, la bignole (argot)

3 L'APPARTEMENT

Chambre d'étudiant :	la turne
On y dort :	la piaule
Chambrée militaire,	la chambrée, la carrée
L'auberge, l'aubergiste :	la taule[1], le taulier
Pièce étroite, mal ou non éclairée :	le débarras, le cagibi
Termes venant de l'abri des animaux :	un clapier, une cage à lapins (immeuble),
	une taupinière (obscurité), un trou à rats,
	un nid, un petit nid...
Appartement loué avec les meubles :	un garni **« la police des garnis »**
	un meublé

1. *« Taule », écrit souvent « tôle » a aussi le sens de : prison.*

La baraque ne vaut pas cent sous. Elle est bonne à jeter à bas (Daudet)
Ça sent le civet dans votre cambuse (Duhamel)
Faudra dire au patron qu'il me balance une autre taule (Mac Orlan)
Je gagne ma piaule et je commence ma toilette (Sarrasin)

6 Moyens de transport

1 DÉSIGNATION

- **L'engin**

La bicyclette :	le vélo[1], la bécane, le biclot
Le vélomoteur :	la mob (pour mobylette), la pétrolette
La motocyclette :	la moto
L'automobile :	une bagnole, une guimbarde,
	une chignole, un tapecul } (dépr.)

Une voiture de modèle ancien,
bruyante :   un teuf-teuf (vieilli)
Ou parfois, avec une certaine tendresse :   un tacot. **Les vieux tacots**
En argot de gangster :   une tire
Le bateau :   le rafiot, ou rafiau (dépr.) le youyou (dim.)
L'avion :   le coucou (dim.), le zinc, le taxi
                          (fam. ou dépr.)

Le levier de commande des gouvernails :   le manche à balai
Moyens de transports collectifs :
L'autobus (il circule à l'intérieur
d'une ville) :   le bus
L'autocar (il circule de ville à ville) :   le car
Le chemin de fer souterrain :   le métro (métropolitain)

---

1. « *Vélo* » est pour « *vélocipède* », mot totalement abandonné. De « *vélo* » a été formé : « *vélodrome* », ainsi que « *vélomoteur* ». Le mot « *cycle* », également peu usité, a donné : *cycliste, cyclisme, cyclo-cross...*

2. « *Automobile* » ne s'emploie que dans des contextes très « *soutenus* ». On ne dit même presque jamais : *une auto*, mais : *une voiture*.

La bécane d'un homme ivre marche droit (Romains)

J'ai renvoyé mon chauffeur avec la bagnole (Mac Orlan)

**Le chemin de fer d'intérêt local (...) On l'appelait tantôt le Tortillard
à cause de ses innombrables détours, tantôt le Tacot,
parce qu'il n'avançait pas** (Proust)

● **Parties diverses :**

Le moteur :   le moulin

La pédale d'accélération :   le champignon, la planche

Les rapports du changement de vitesse
sur un vélo :   le braquet (grand braquet, petit braquet)

● **Qualification :**

Une machine quelconque, en mauvais
état, bicyclette, auto, moto, avion...
c'est :   un clou (ou toute autre
dénomination dépréciative...)

2 L'USAGE

On se sert de l'engin

On roule vite :   ça gaze, ça carbure, ça trace

On fait rendre au moteur toute
sa puissance :   on roule pleins gaz (« les gaz »), on met la gomme

Accélérateur enfoncé au maximum :   pied au plancher

On garde la vitesse prévue :   on tient la moyenne
on est dans les temps

On donne un coup de frein brutal,
pour arrêter dans un courte distance :   on pile (« piler », = écraser)

On arrête le moteur, par suite d'une
fausse manœuvre :   on cale le moteur, on cale

La voiture s'arrête, faute de carburant :
on est tombé en :   panne sèche

Un véhicule fait une manœuvre
dangereuse, il se rabat trop vite
après un dépassement :   une queue de poisson

Souvent le conducteur s'identifie avec
son véhicule ; aussi, dira-t-il, pour :

« Les freins, ou les roues, de ma voiture
font un bruit de frottement rude
et saccadé » :   je broute

« Les pneus de ma voiture, ou de
mon vélo, se sont dégonflés » :   j'ai crevé, je suis à plat!

« Sa voiture a heurté la mienne » :   il m'a rentré dedans (vulg.)

« Ma voiture porte des traces du choc » :   il a bigorné ma voiture! Il m'a bigorné!

On risque de se faire écraser :   on va se faire écrabouiller!

Plusieurs voitures se heurtent, l'une
poussant l'autre. C'est :   un carambolage (du jeu de billard)

Un véhicule quitte la route :   il va dans le décor

Un véhicule se retourne :	
dans la direction inverse :	il fait un tête à queue
oues en l'air :	il fait un (ou plusieurs) tonneau(x)
Une roue de ma bicyclette est	
égèrement déformée :	j'ai une roue voilée
Quelqu'un a fait une chute. Il a	
amassé, pris :	un gadin, une pelle
Un mauvais conducteur[3], ou celui	
dont on estime avoir à se plaindre est :	un chauffard

3. *Le terme de « chauffeur » n'est guère employé que pour désigner celui dont le métier est de conduire une voiture : un chauffeur de taxi, d'autobus... Autrement on dit : conducteur. On dit même plutôt : « conducteur d'autobus, de car... ».*

L'essence était au zéro et j'avais garé la tire devant un parapet (Sarrasin)

**Le moulin tournait tout bas. Avec cinq vitesses,
on ne risquait pas de le caler** (Arnaud)

Ce que les voitures vont vite, maintenant ! Il va se faire écrabouiller ! (Sarrasin)

Vas-y, vieux. C'est le moment. Mets la gomme ! (Arnaud)

Une véritable bombe roulante, cette guimbarde ! (Boudard)

Il va dans le décor

19

7 La nourriture

1 LA FAIM ET LES PRÉPARATIFS

La faim :

On a l'estomac vide :

    on n'a rien dans le buffet
    on a le ventre creux

On a faim :

    on claque du bec, on la claque
    on la saute
    on a la dent, l'estomac dans les talons,
    une faim de loup; une de ces faims!

● **Le lieu où se prennent les repas en commun, le restaurant :**

Le Restaurant Universitaire : le R.U. :	(prononcer : « le ru », comme « la rue »)
Le restaurant pour les officiers (armée) :	la popote, le mess
Le restaurant d'entreprise, d'école :	la cantine
La cafétéria, ou cafétaria. Pron. parfois :	la cafette
Restaurant mal tenu :	une gargote, un boui-boui (dépr. et vulg.)

● **La préparation et le service du repas :**

Le patron, gérant, tenancier :	le gargotier (vx. et dépr.)
Le cuisinier :	le chef, le cordon-bleu, le maître queux
	le cuistot, le cuistancier
Un directeur de pension :	un marchand de soupe (dépr.)
Personnel subalterne :	marmitons, filles de cuisine, gâte-sauce
Le garçon de café, de restaurant :	le loufiat (argot grossier)
Celui qui lave (fait) la vaisselle :	le plongeur
	il fait la plonge
Remuer, mélanger, brasser, c'est :	touiller
On prépare un repas soigné : On met :	les petits plats dans les grands
Ou, au contraire, on reçoit les convives avec simplicité :	à la bonne franquette , sans chichi
On mangera ce qu'il y aura à manger :	à la fortune du pot
N'oubliez pas que :	**quand il y en a pour cinq,**
	il y en a pour six! (etc.)

2 LA NOURRITURE EN ELLE-MÊME

La nourriture :

la croûte
on casse la croûte, la mangeaille,
la graille (vulg.), la boutte, la bouttance
la boustifaille, la cuistance

Faire la cuisine :	faire la tambouille, la popote
Une femme qui se tient à ses fourneaux est :	un peu popote
Le fricot : plat cuisiné :	le frichti (cf. l'alsacien : « Frühstück »)
La viande :	la bidoche, la barbaque (cf. l'espagnol : « barbacoa »)
Particulièrement dure :	de la carne, de la semelle
La cuisine cuite à l'eau :	du rata (cuisine militaire) de la ratatouille[1] (dépr.)
corned beef :	du singe
Du saucisson :	du sauciflard
Du porc :	de la cochonnaille
Le poisson :	la poiscaille
Les légumes :	
Haricots secs :	les fayots
Pommes de terre :	les patates
Pommes de terre frites :	les frites
Le fromage :	du frometon, du from'gi
Fromage avancé :	il court tout seul. Il s'épanche
Dur et sec :	c'est du plâtre
Le pain : un gros morceau, avec la croûte :	un quignon
Un pain :	un brignolet (parisien, faubourg)
Un repas froid à manger vite :	un casse-croûte
Un festin :	un gueuleton

1. « *Ratatouille* » se dit aussi d'une spécialité culinaire du Midi : la ratatouille niçoise.

Quand on la saute, mon pote, c'est pas avec sa tête qu'on pense (Sartre)
Vous avez tenu une gargote à Montfermeil (Hugo)
La bouffe, ce n'est pas compliqué et le reste ça n'existe pas (Pinget)
T'as goûté à sa cuisine, hein ? Elle craint personne pour la tambouille (Céline)
C'était lui qui chauffait mon frichti (Montherlant)
Vous voulez casser la croûte, monsieur le commissaire ? (Ionesco)
Les Indigènes, eux, ils bouffent du manioc pourri (Céline)

3 L'ACTION DE MANGER

On mange :

on casse la graine, on casse la croûte, on boulotte

On mange beaucoup et grossièrement :

on s'envoie (ceci ou cela), on bâfre (anc.), on bouffe, on se bourre, s'empiffre, on becte, on se tape la cloche, on fait bombance, on se goberge, on goinfre, se goinfre (un goinfre)

on s'en colle ⎫ jusque-là,
on s'en met ⎬ plein la gueule,
on s'en fiche ⎭ plein la lampe, etc.

On a bon appétit :
On est gros mangeur, et on sait
apprécier ce qu'on mange. On a :

un bon coup de fourchette

Ou on est :

une bonne fourchette

On reprend des plats. On :

repique (au rata, aux patates...)

On accepte volontiers du :

rabiot, du « rab » (= du supplément)

On mange du bout des dents
On mange à peine :

on mangeotte, on pignoche (anc.), on chipote

On fait le difficile :

on fait la petite bouche

4 L'IMPRESSION PRODUITE PAR LE REPAS

Déception : la cuisine n'était
pas bonne : « Les nouilles ont
le goût de brûlé » :

elles ont cramé (régional + arg.)

Une odeur de mauvaise graisse :

ça sent le graillon!

Effet sur le convive :
« Ce plat réconforte » :

ça ravigote! c'est ravigotant!

On n'en veut rien perdre :

on s'en lèche les babines!

On aimerait retrouver un tel plat. Il a :

un goût de revenez-y!

On s'est servi trop copieusement
On a eu :

les yeux plus grands que le ventre!

Le repas a pu avoir des effets
plus déplaisants :
On n'arrive pas à digérer :

ça vous reste sur l'estomac

On a des nausées :

ça vous soulève le cœur, on a mal au cœur,

Ces dames chipotaient, laissant la moitié des viandes... (Zola)
Cette odeur de graillon, à vomir! (Pinget)
Le soir, je ne faisais pas de cuistance (Céline)

8 La boisson et l'ivresse

1 LA SOIF ET LES PRÉPARATIFS...

Le besoin de boire : la soif
Soif passagère :
On est altéré :

on est déshydraté, assoiffé
on a le bec salé, le gosier sec
on tire la langue

Soif habituelle :
On a très soif :
On est (un peu) :
Le lieu (public) où l'on boit :
Un café :

on a la pépie, la dalle en pente
soiffard

un bistrot (clientèle ouvrière), un caboulot,
le caboul' (vulg.), un mastroquet (vx.)

On peut y boire au comptoir :
Musique, danse :

« sur le zing » (un bar)
un cabaret (chant, attractions...)
une guinguette, un p'tit bistrot,
un p'tit caboulot, un p'tit troquet (parisien)
un bastringue (très vulg.)
un boui-boui (crapuleux, vx,)

2 LE FAIT DE BOIRE

On boit souvent et par habitude. On :
On boit beaucoup. On :
On vide son verre d'un trait. On fait :
On étanche largement sa soif. On :
On boit rapidement. On :

lève le coude
boit comme un trou, à tire-larigot
cul sec
se rince la dalle
siffle un verre

On boit avec satisfaction. On s'en :

$\begin{cases} \text{jette un} \\ \text{met un} \\ \text{fiche un} \end{cases}$ derrière la cravate

On boit trop et imprudemment. On :

picole, on pinte

« Il a bu vite, sans goûter » :

$\begin{cases} \text{il s'est envoyé} \\ \text{il a descendu} \end{cases}$ trois pernods...

Intention diminutive. On va boire :

un p'tit coup

On boit avec des amis. On :	prend un pot
On boit à petites gorgées. On :	sirote
On célèbre un événement en offrant à boire. On :	arrose. **Il a arrosé son permis de conduire**

3 LES PRODUITS ABSORBÉS

De l'eau :	de la flotte
Du vin[1]. Du gros vin :	du pinard, du picrate (arg.)
Petit vin de pays	du piccolo, picolo (de l'italien)
Un vin plus fort, peu raffiné :	du gros rouge « qui tache »
Un litre de vin rouge :	un kil' de rouquin (vulg.)
	un litron
	de la vinasse (dépr.)
De la bière :	
Un verre de bière à la pression :	une pression, un demi!
Un verre d'environ 1/4 de litre :	un bock[2]
Un verre bien plein, sans trop de mousse :	sans faux-col
De la bière mêlée de limonade :	un panaché
	un demi panach' !
Un très grand verre de bière est :	un formidable
Un petit verre de bière est :	un galopin
L'apéritif :	l'apéro
Les alcools : boissons distillées :	
De l'eau-de-vie forte et rude :	de la gniole (gnôle, gnaule...)
	du tord-boyaux, de la bistouille (rég.)
	un brûlot (vx.)
Intention diminutive :	la goutte, une p'tite goutte
Alcool après le repas :	le digestif, un p'tit digestif
Après le café :	le pousse-café
Servi dans la tasse chaude :	une rincette
Un mélange d'eau-de-vie et de cassis :	un mêlé-cassis, un mêlé-casse
Du cidre, servi dans un bol :	une bolée (de cidre)

1. *En Anjou, on commande souvent le bon vin par petites bouteilles, d'environ 40 cl, qu'on appelle des fillettes.*
On va prendre une fillette !

2. *Le « demi » faisait, à l'origine, 1/2 litre. Pour « un bock », la bière est généralement servie dans un gros verre à facettes et à anse, de 25 cl. « Bock » vient de l'allemand : Bockbier. Ce mot correspondait, à l'origine, à une espèce de bière, et non au récipient.*

• De l'euphorie à l'abattement

On voit la vie en rose :	on est gai
On devient audacieux, entreprenant :	on est parti, émoustillé
Ardent, décidé, rigolo :	on a son plumet. On est pompette
Émoustillé :	on est en goguette
C'est la grande euphorie,	
démonstrative :	on est dans les vignes du Seigneur,
	on est éméché
On perd l'équilibre, physique et	
intellectuel :	on est pris (de boisson), on a sa cuite, on est paf,
	on a « mis ses chaussettes à bascule »
On ne peut plus se contrôler :	on est rond, on est plein, on est beurré, on est bu,
	on est blindé, on est mûr, on est bourré,
	on est complet, on est incendié, on est cuit,
	on est brindezingue, on est noir,
	on est imbibé (d'alcool), schlass,
	on en tient une (de cuite), on a sa dose,
	on a son compte, on s'est saoulé,
	on est saoul, on est soûl, on est perdu soûl
On a pris :	une biture, une muffée, une soûlographie,
	une de ces bitures[3] !

3. *Les vignerons disent de celui qui, après avoir visité une cave, remonte difficilement l'escalier :*
Il a reçu un coup de pied de barrique.

Ce soir, j'ai été dans un petit bistrot louche du port (Anouilh)

Il arrivait aux lignes d'avant-garde en bonbonnes, le pinard (Céline)

J'ai été chercher dans le buffet la gniole pour les réchauffer (Pinget)

Un vieux troupier comme moi, ça ne refuse jamais la goutte (Proust)

**La veille il ne s'était pas tellement saoulé,
mais il traînait toujours un arriéré de vieilles cuites** (Perret)

**Il fait à voix haute de belles déclarations sur ce qu'il nomme
la technique de la saoulographie** (Duhamel)

Avec des gaietés enrouées de soûlards... (Zola)

**J'avais tort, l'autre fois, de vouloir faire jouer ton fiancé
dans ce lamentable bouiboui** (Anouilh)

Après cela, il faut :	cuver son vin
Et, le lendemain on a :	la gueule de bois

5 LES PERSONNES HABITUÉES A CES ÉTATS

On dit : « C'est un ivrogne. » Mais aussi :	un soûlot, un soûlard, un pochard, un soiffard, un poivrot, un sac à vin, un biberon, un pilier de cabaret, un vide-bouteille
On dit parfois :	un arsouille[4]
Il est continuellement ivre. Il est :	toujours entre deux vins, il ne dessoûle jamais

4. Mais le mot « arsouille » correspond plutôt à : « voyou ».

Il entre dans un bar, prend un croissant
et un café au lait sur le zinc (Gide)

... après l'interminable café, pousse-café et pousse-pousse... (Sarrasin)

L'adjudant, il s'est foutu une de ces cuites!...
Et quand il a un coup dans l'aile, qu'est-ce qu'i peut dégoiser! (Gibeau)

Ramos, éméché, avait un terrible pouvoir de dissipation (Perret)

Gueule d'Amour déclara : « Tout à fait saoule, mes enfants! » (Carco)

Ma biture mortelle valait une compensation (Sarrasin)

Glou glou, c'est la flotte bouillante! (Sarrasin)

... la promesse d'un bidon de « picrate »... (Gibeau)

9 Opposition : parole-silence

1 LA PAROLE

L'action de parler : « Il parle... »
Il parle beaucoup et de choses
sans importance : il bavarde :   il papote (du papotage)
Il parle beaucoup, avec une voix
désagréable . qui fait penser à une pie .   Il jacasse (des jacasseries)
Qui fait penser à une poule :   il caquette[1] (le caquetage)
                                                    il piaille (petits oiseaux)
Il parle (d'une manière enfantine) :   il babille (le babillage)
Il parle avec vanité, solennité,
pédantisme :   il pérore, il pontifie
                                                    il s'écoute parler
Il discute d'une façon interminable :   il palabre (la palabre), il dégoise
Il parle avec grand bruit et violence :   il gueule (un coup de gueule)
Il parle d'une façon indistincte :
Murmure confus :   il marmonne (marmonnement)
Mouvements des lèvres :   il marmotte (cf. : marmotter des prières)
Paroles confuses, mêlées :   il bredouille, il bafouille
Grondements, grognements :   il grommelle (grommeler)
Cri du cochon :   il grogne (grognon, grognement)
Il zézaie :   il zozote (... un ç'veu sur la langue)
Grondements témoins de mauvaise
humeur :   il ronchonne, il bougonne (bougon)
Il exprime son mécontentement :   il râle, il rouspète (un râleur)
Cela va amener des commentaires
médisants :   ça va faire jaser!
Termes d'argot, pour « parler » :   jacter, jaspiner
**Ce qu'on exprime par la parole,
le discours :**
Un discours :   un speech, un laïus (laïusser) (dépr.)
Faire un exposé. Argot scolaire :   faire un topo, plancher
Des paroles inutiles, sans signification :   du baratin, du boniment

---

1. Caquet *n'est pas dépréciatif.*

« Il a tenté de me séduire
par des paroles » :   il m'a baratiné (un baratineur)
Langage indistinct :   du baragouin, baragouiner
Discours moral inconsistant :   du prêchi-prêcha
Discours confus et mensonger :   une salade

                                                 Ramasse tes salades!
Discours ridicules, extravagants :   des sornettes, une tartine

La manière de s'exprimer

Dites enfin ce que vous avez à dire :   cessez de tourner autour du pot!
                                                 accouchez!
Il lui a dit brutalement ce qu'il pensait :   il lui a cassé le morceau!
Il a fini par avouer :   il a fini par se mettre à table
Il faut l'écouter, le laisser parler :   il faut lui tenir le crachoir
Il parle fort, abondamment
et grossièrement :   il est fort en gueule
Il a une grande facilité de parole :   il a du bagou (bagout)
Il parle ; il parle !...   … et patati, et patata!
Il parle avec volubilité :   c'est un moulin à paroles
Il a la langue bien pendue !   il a une bonne tapette (= langue)
Il parle en empêchant les autres
de parler :   il monopolise la conversation
Il veut nous tromper par ses paroles :   il veut nous emberlificoter
Ils discutent pour des choses peu
importantes :   ils discutent le coup, ils pinaillent (vulg.)
Ils contestent pour des intérêts sordides :   ils discutent le bout de gras
Il cherche querelle :   il cherche des crosses
Il soutient sa position :   il tient mordicus
La discussion devient violente :   ça barde! ça chauffe!
On échange des propos désobligeants :   ça tourne à l'aigre, au vinaigre
J'ai fait un « lapsus linguae » : J'ai dit
ce que je ne voulais pas dire :   ma langue a fourché
J'ai fait une faute de prononciation,
de liaison :   j'ai fait un cuir, des pataquès

2 LE BRUIT

Bruit violent et désagréable :
tapage, vacarme : Quel...   barouf! boucan! chahut! potin! raffut!
                                                 ramdam!... bousin!

3 LE SILENCE

Par opposition à la parole : se taire :   la fermer, la boucler (vulg.) ferme-la!
la ferme! = ferme ta gueule! ta gueule! (vulg.)
écrase! (arg.)

D'un enfant qui parle très peu (par
timidité), on dit qu'... :   il a avalé sa langue.

Par opposition au bruit :
Ne pas manifester sa présence :   ne pas moufter (arg.) ⎫ Verbes employés
Faire comme si on ne comprenait pas,   ⎬ uniquement à la
rester coi : (féminin : coïto)   ne pas piper (fam.) ⎭ forme négative
Il y a un silence impressionnant :   **on entendrait une mouche voler**

Ces énormes coups de gueule du peuple (Hugo)

Il sue à grosses gouttes, il bafouille (Anouilh)

**A une sotte, j'aurais raconté une autre histoire.
C'est d'ailleurs dans ce sens que j'avais préparé mon petit laïus** (Anouilh)

Je n'ai pas souvent vu tenir le crachoir avec une pareille dextérité (Proust)

Elle faisait du potin avec sa cuiller, je l'ai fait taire (Giono)

On mettra un baratin bien au point (Sarrasin)

La belle-fille ne pipait pas (Céline)

Assez de salades! (Sartre)

Un bavard, me disais-je, un péroreur de chantier (Perret)

Ils s'entendaient très bien pour palabrer dans les coins (Pinget)

Au début, les gens jasaient (Pinget)

Elle baragouinait des choooc à demi exprimées (Sarraute)

Quel bousin, grand Dieu! (Zola)

Un énorme babillage gris et monotone... (Céline)

10 Opposition : intelligence-sottise

1 L'INTELLIGENCE

L'intelligence :	le gingin (vx.), la jugeote
Capacité intellectuelle :	la matière grise
Finesse un peu retorse :	la roublardise
Il comprend vite et exactement :	il pige
Il a beaucoup de connaissances :	il est calé, il est ferré (en maths…), il est fortiche (arg. écolier), c'est une grosse tête
Il a du sens pratique :	il est malin, il est fûté
Pas très honnête… :	il est roublard, il est retors
Ruse paysanne… :	il est madré, il est matois **c'est un vieux renard**
Il saisit vite et exactement ce qu'il faut faire ou éviter :	il a du flair, il a du nez, il a le nez creux
Il est fin et habile :	c'est une fine mouche
Il sait se tirer d'affaire :	il a la combine (une combine) il a le truc (un truc)
Débrouillardise malhonnête :	la resquille, un resquilleur, il resquille
Il a de l'expérience :	il n'est pas tombé de la dernière pluie il sait se démerder (vulg. mais commun)
Ne comptez pas être plus malin que lui :	**on n'apprend pas à un vieux singe à faire des grimaces**
Il se débrouille ; il se tire d'affaire :	il sait se dépatouiller

2 LA SOTTISE

Manque d'intelligence :	la bêtise, la connerie (grossier, mais fréquent)
Un acte de sottise :	une ânerie, une bêtise, une gaffe, une bourde, une boulette, une connerie (grossier)
Faire une sottise (verbe) Il déraisonne :	il bêtifie, déraille, débloque (à mort…) il déconne (grossier, mais fréquent)

Il a :

le cerveau fêlé, un grain
une araignée au plafond
une couche (de sottise)
la poudre, le fil à couper le beurre

Il n'a pas inventé :

Il trouve, quand il est trop tard,
ce qu'il aurait dû dire :

il a l'esprit de l'escalier

Il s'est trompé :

il s'est gouré

Le sot, l'imbécile (plutôt nom
qu'adjectif)

un ballot, un nigaud, une tourte, un zozo,
un con (grossier), une poire, un pigeon,
une cruche, un benêt, un crétin, une andouille,
une nouille, un abruti, un toqué,
un fada (mot méridional)
**il comprend vite ; mais il faut lui
expliquer longtemps...**
un cucul, un nullard, un indécrottable,
un empoté, une bourrique

Air paysan, rustre :

pequenot, plouc, pignouf (nom ou adjectif)

Le sot, l'imbécile (plutôt adjectif
que nom) : Il est bête :

niquedouille, dingue,
bouché (à l'émeri), cloche,

Il est fou :

dingo, piqué, tapé, cinglé, marteau, maboul

Il est loufoque, original :

dingo, dingue, godiche, louf

Connotation plutôt sympathique :

il travaille du chapeau
un gros bêta!

Gros ballot! gros lourdaud! grosse tourte!
Mais c'est plein d'imbéciles, le paradis! (Anouilh)
Une roublardise immense s'étalait partout (Céline)
Ce que j'ai fait, je l'ai fait pour le mieux. Surtout les conneries (Pinget)
T'es donc toujours cinglé? T'en as pas encore assez? (Céline)
V' z'êtes trop con pour qu'on puisse vous en vouloir (Queneau)
Vous êtes un peu piqué, répond Nelly (Mac Orlan)
Le diable possède tous les trucs pour vous tenter (Céline)
Il avait l'air, ce matin-là, d'un gamin sénile,
resquilleur et ficelard (Perret)
Elle est quand même fortiche, la jeunesse d'aujourd'hui! (Queneau)
C'est un attrape-nigaud (Ionesco)
Ils renâclaient toujours, même les plus absolus fadas (Céline)

11 Opposition : plaisir-ennui

1 LE PLAISIR

On se procure du plaisir, on fait la fête : on fait :

la bringue (beuverie; (cf. all. : bringen)
la foire; la bombe (bombance)
la nouba (musique arabe)
la java (danse populaire)

Partie de plaisir grossière : la ribouldingue (ribote + dinguer)
Grosse dépense d'argent : la tournée des Grands-Ducs
Amusement, plaisanterie
plutôt vulgaire : la rigolade
La débauche. On est : en bordée, en virée (marine)
On mène : une vie de bâton de chaise
Celui qui met les autres en joie : un boute-en-train (anc. et « soutenu »)
un joyeux drille; un joyeux luron
un (p'tit) rigolo; un bon vivant
un rigolard, un p'tit rigolard

On s'amuse, on se divertit : on se marre, on biche, on est jouasse
y a de l'ambiance!
On rit : voir chap. sur : Le rire. (ch. 12)

2 L'ENNUI

Un personnage ennuyeux : un raseur, un empoisonneur,
un emmerdeur (grossier) un casse-pieds
il nous casse les pieds!

Une chose ennuyeuse : un embêtement, un empoisonnement,
un emmerdement
Du souci : du tintouin
Cela me cause du souci : ça me turlupine
C'est ennuyeux : c'est bassinant! c'est embêtant!... quelle plaie!
Cela m'ennuie : ça m'emmerde! (vulgaire, mais commun)

On s'ennuie :

Je suis excédé :

j'en ai assez! j'en ai marre! j'en ai plein le dos!
j'en ai plein les bottes! j'en ai ras le bol!
j'en ai ma claque!

Tu nous ennuies !

tu nous rases! tu nous barbes!
tu nous assommes! tu nous tannes!
tu nous empoisonnes! tu nous enquiquines!
tu nous embêtes! tu nous bassines!
tu nous fais suer!

Il se fait des soucis :

il se frappe, il s'écoute, il se fait des cheveux,
il se fait de la bile, du mauvais sang,
il se fait de la mousse, du mouron (arg.)

Ne te fais pas de soucis !

te bile pas!

Ennuyer par ses bavardages :

canuler (argot « carabin[1] »)

Il est très déprimé :

il a le moral à zéro
il est aux cent coups

On passe par une période difficile :

on mange de la vache enragée

1 . *Un carabin est, en français familier, un étudiant en médecine.*

Je bisque et je rage et je bâille
et je m'ennuie et je m'assomme et je m'embête (Hugo)
— Ça t'amuse, les articles de Maurras?
— Ça m'emmerde mais je trouve qu'il a raison (Gide)
Un vieux rigolo, l'œil éraillé et le nez rouge... (Daudet)
On se fait toutes les deux un sacré mouron (Sarrasin)
Personne ne l'aime. Elle enquiquine tout le monde (Pinget)
Qui n'a vu des princesses royales
prendre spontanément le langage des vieilles raseuses...? (Proust)
Parmi les clientes, les plus baveuses me donnaient un foutu tintouin (Céline)
Le fils de Julot, il fait pas mal la foire (Pinget)
Toi, tout ce qui ne t'embête pas, tu crois que ça manque de profondeur (Gide)

12 Opposition : rire-pleurs

1 LE RIRE

On rit :

    on rigole, on se marre, on se poile
    (rire grossier et malséant)
    on se tord, on se bidonne,
    on se gondole, on se boyaute,

Bouche grande ouverte :   on se fend la pêche, ... la pipe
On rit de bon cœur :   on rit comme un bossu, ... comme un fou
Fou rire :   on rit aux larmes,
    on rit à se décrocher la mâchoire
On s'amuse joyeusement :   on se paie une pinte de bon sang
Rire, ou sourire enfantin :   bébé fait risette
Rire dissimulé :   on rit dans sa barbe, ... sous cape
Rire méchant :   on ricane
Rire dissimulant une déception :   on rit jaune
Cela fait rire :   c'est tordant, c'est marrant, c'est poilant,
    c'est impayable! c'est rigolo!
Une plaisanterie (un peu lourde), c'est :   une blague, de la blague, de la gaudriole
Un personnage qui fait rire   un rigolo, un loustic,
(Un boute-en-train) :   un blagueur
Un moqueur, qui fait rire d'autrui
sans rire lui-même :   un pince-sans-rire

2 LES PLEURS[1]

Il pleure :
De façon bruyante et sale :   il chiale
D'un ton geignard :   il pleurniche
Pleurs enfantins, avec des cris aigus :   **as-tu fini de pigner ?**
    ... de chigner ? (dialectal)
Elle pleurait sans s'arrêter :   **Elle pleurait comme une Madeleine**

1. *Considérés, souvent, avec dégoût et mépris.*

Sa binette m'a fait gondoler un moment (Proust)
C'est une vaste blague, l'éducation (Sarraute)

13 Le sommeil

1 LE DÉSIR DE DORMIR

On est fatigué :   je suis crevé, flapi, flagada, pompé, à plat, claqué

On tombe de sommeil :   on dort debout

Bébé s'est endormi :   le marchand de sable est passé

Se mettre au lit :   je vais me pieuter, me mettre dans les toiles, me jeter dans les bras de Morphée

2 LE LIEU DU SOMMEIL : LE LIT

Le lit :   le plumard, le pageot, le pieu, le paddock, le pucier, le page (pageot) le dodo (mot enfantin)

Les draps du lit :   les toiles

Le traversin :   le polochon

Se battre à coups de polochons

Un lit inconfortable :   un lit en noyaux de pêches.

On n'a pas fait son lit. On s'est contenté de :   le retaper

Une mauvaise farce consiste à :   faire le lit en portefeuille

On dit souvent :   **Comme on fait son lit, on se couche !**

3 ON DORT

On dort :   on pionce, on roupille, on en écrase; on pique un roupillon, un petit roupillon, une ronflette, un somme...

Bébé dort :   il fait dodo

Une nuit sans dormir :   une nuit blanche

On se lève tard :   on fait la grasse matinée

4 QUALITÉS DU SOMMEIL

On dort profondément :
On a un sommeil tranquille, sans souci :

On reste vigilant :
Si on dort, on n'a pas besoin
de manger :
Voilà quelque chose d'incroyable.
C'est :

on dort comme une souche, comme un loir
on dort sur ses deux oreilles,
du sommeil du juste, à poings fermés
on ne dort que d'un œil

qui dort dîne!

une histoire à dormir debout!

**Tous les après-midi, je piquais
un fameux roupillon à côté de ma bourgeoise** (Gibeau)

Ça, dit Gavroche gravement, c'est pour les rats. Pioncez! (Hugo)

Gaston était dans son fauteuil, il avait l'air crevé (Pinget)

Ramos dormait. Là aussi, d'ailleurs, tout le monde en écrasait (Perret)

**Son pauvre plumard au milieu de la chambre,
à cause de l'humidité du mur...** (Pinget)

On ne dort que d'un œil

14   Le corps humain

1   L'ENSEMBLE

Le squelette, la stature :
la carcasse, le châssis

Quelqu'un est fort et musclé :
il est costaud, trapu, balaise (vulg.), un peu là!
taillé en armoire à glace,
taillé en armoire normande,
bien baraqué, bien charpenté, bien tourné

Une femme au corps souple
et harmonieux :
a un beau châssis
est bien carossée, bien roulée (vulg.)

La tournure :
la dégaine

Un individu aux muscles épais est :
bien enveloppé

Un individu gras et gros (chairs
flasques et molles) pourra être :
un gros plein de soupe,
un gros patapouf (enfant.)

Petit et grassouillet :
un pot à tabac, un homme rondouillard

Une femme aux formes épaisses :
une grosse dondon

Un individu maigre et long est :
une asperge, un grand escogriffe,
un grand dépendeur d'andouilles

Un individu malingre :
efflanqué

Une personne maigre :
maigriot, maigre comme un cent de clous,
maigrichon

On lui compte les côtes
Il n'a que les os et la peau (anc.)

Un individu en mauvaise santé est :
mal fichu, patraque, malade à crever

Un individu manquant d'énergie a :
du sang de navet

Il manque :
de nerfs, de ressort

En argot ou en langue vulgaire, on dit
de quelqu'un qui est atteint de
tuberculose pulmonaire :
il est tubard, il s'en va de la caisse,
ses éponges se collent (arg.)

D'un personnage (vraiment) petit,
on dit qu'il est :
haut comme trois pommes, bas du cul, nabot

La tête :

Comparaison avec un vase :	la fiole, la carafe, la cafetière, la bouille[1],
(Le mot « tête » lui-même vient	la bille
du bas-latin « testa » = vase) :	
Comparaison avec un fruit :	la poire, la fraise, le cassis (vx.)
	la citrouille, le ciboulot,
	la ganache (voc. de l'équitation)
Comparaison avec un objet rond :	la bobine
... Rond et dur :	la caboche[2]
Chose qu'on peut couper, « trancher » :	la tronche
Le visage :	la gueule (Mot grossier, mais très commun) n'est pas nécessairement pris en mauvaise part :

Il a une bonne gueule
Ça a de la gueule ! (= fait de l'effet)

Visage enfantin :	la frimousse
Visage drôle, amusant :	la binette
Visage de petit animal :	le museau
Visage cocasse :	la trombine
Visage grotesque, rubicond, d'ivrogne :	la trogne, le mufle
Il a un visage (rond) qui donne confiance :	il a une bonne bouille !
Son visage n'inspire pas confiance :	il a une drôle de bobine, de binette
Visage renfrogné, manifestant de l'hostilité :	il fait la tête !
Un individu quelconque, c'est :	une tête de pipe

Une ration par tête de pipe

Le crâne :	le caillou
Il a le crâne rasé. Il n'a :	**... rien sur le caillou**
	la patinoire (à mouches), le genou (vx.)
	la boule à zéro

Considéré surtout (méchamment) lorsqu'il est chauve. Comparaisons avec des objets durs, lisses, brillants...

---

1. *A rattacher, non à bouilloire, mais à un mot ancien signifiant* tonneau.

2. *Rattacher à « bosse », par la forme normanno-picarde « caboce ». Voir P. Robert. Contamination avec l'espagnol : « cabeza », plus évidente dans : cabèche. Expression : « couper cabèche », sabir arabo-franco-espagnol... Une « caboche » est un clou à grosse tête.*

Les yeux :
En argot, un œil se dit : un chasse; **des grands chasses**
Des yeux jolis et brillants : des mirettes (pop.)
Des yeux ternes et vitreux : des yeux de merlan frit, de carpe frite...
De quelqu'un qui ne voit pas très clair
ou qui manque de discernement, on dit : il n'a pas les yeux en face des trous,
il est miro, ou miraut (arg.),
il est myope comme une taupe

De quelqu'un qui est atteint de
strabisme, on dit : il louche. Il bigle (« un bigleux »),
il a un œil qui dit « zut » à l'autre,
il a les yeux qui se croisent les bras.

D'une femme atteinte d'un léger
strabisme, on dit : elle a une coquetterie dans l'œil
Celui qui, à la suite d'un coup, a
un hématome à l'œil : a un coquart, un œil poché,
un œil au beurre noir

Les oreilles les feuilles (arg.), les feuilles de chou,
les portugaises (huîtres), les esgourdes (arg.)
Il est — un peu — sourd : il est dur de la feuille,
il a les portugaises ensablées,
il est sourdingue (vulg.)

Le nez : le pif, le tarin, le blase, le piton, le blair
Les narines sont, en langage familier : les trous de nez
La bouche : la gueule[3] (grossier, mais fréquent)
ferme ta gueule! = tais-toi!
s'en mettre plein la
gueule = manger beaucoup...
le bec, le clapet, le goulot, le museau
la margoulette (de gueule et
margouiller = manger salement, P. Rob.)

Les lèvres : comparées avec les lèvres
pendantes de certains animaux : les babines (chat, chien...)
c'est bon à s'en lécher les babines!
les badigoinces (chez Rabelais)

Les dents :
Petites dents d'enfant : les quenottes
Elles claquent de peur : les chocotes (arg.)
Aiguisées par la faim : les crocs (chien, loup...)
J'ai faim : j'ai la dent!

---

3. *La gueule est la bouche de certains animaux.*

La langue :	la menteuse (arg.)
La langue d'un enfant bavard :	la tapette
Les cheveux :	les tifs, les tiffes, les poils (vulg.),
Confusion avec les autres « poils » :	les crins (vulg.),
	les douilles (arg.), les crayons
Chevelure abondante et mal soignée :	la tignasse, la crinière
Faux cheveux : une perruque :	une moumoute
Un individu à cheveux roux :	un rouquin, une rouquine
Les favoris (touffes de poils sur	
les joues) :	les pattes (pattes de lapin)
	les rouflaquettes (arg.)
Les moustaches :	
Fines et élégantes :	les charmeuses (arg.)
Épaisses et tombantes :	les bacchantes (pop.)
La barbe : abondante et mal soignée :	la barbouze [4]

3   LE TRONC

Les épaules :	les endosses (arg.)
La poitrine :	la caisse, le coffre
Il est poitrinaire :	il s'en va de la caisse
Il a une voix puissante :	il a du coffre
Les seins :	les lolos, les nénés, les nichons,
	les roberts (arg.), les tétons
Le ventre :	le buffet
On a faim :	on n'a rien dans le buffet
Ventre mou et rebondi :	le bedon, la bedaine, la brioche,
	le bide (de bidon)
D'une entreprise qui a échoué, on dit :	elle a fait un bide (théâtre, spectacle)
Les fesses :	les miches (arg.). Le popotin (pop.)
Presse-toi ! :	magne-toi le popotin ! (manie-toi...)
Tomber sur le derrière :	se casser le verre de montre
S'asseoir :	poser ses fesses
Avoir peur :	serrer les fesses

4   LES MEMBRES

Les bras et les jambes :	les abattis
Les muscles du bras, les biceps :	les biscotos, les biscoteaux (pop.)
La main :	
Qu'on serre :	la louche, la pince, la cuiller,

4. Autre sens du mot barbouze : un agent secret.

Pas très propre :	la patte
	bas les pattes!
	J'ai graissé la patte au concierge[5]...
Qui serre :	la pogne, la poigne
Énorme et forte :	la paluche (arg.), les battoirs
Petite main d'enfant :	la menotte
Les jambes :	les guiboles, guibolles (pop.)
Longues, osseuses :	les quilles, les flûtes, les pinceaux, les pattes
Minces et agiles :	les gambettes
Danser :	tricoter des gambettes,
	gambiller (pop.)
La danse :	la gambille (pop.)
Il a trébuché :	il s'est mélangé les pinceaux (pop.)
Agiter, remuer les jambes :	gigoter
Les pieds :	les petons (enfant), les ripatons (aimable)
	les arpions, les panards,
	les nougats, les pinceaux (dépr.)
Les orteils (doigts de pieds) :	les radis (arg.)

5. *Je lui ai donné de l'argent pour en obtenir des renseignements.*

Il a une impayable bobine de gaga de la plus haute lignée (Proust)

... pas mécontent, le p'tit type. Seulement l'armoire à glace insistait... (Queneau)

J'avais une sale gueule, voilà tout (Céline)

Ce qu'on a besoin, c'est de garçons costauds et débrouillards (Pinget)

Aujourd'hui, j' lis dans tes chasses que tu n'es pas heureuse (Carco)

Tout maigrichon qu'il est, le pauvre,
avec ses longues jambes et ses vilains genoux... (Anouilh)

Dis donc, tata, tu te fous de moi ou bien t'es vraiment sourdingue ? (Queneau)

Je mange trop. C'est à cause de cette grande carcasse qui réclame (Duhamel)

Courtial, il se teignait les tifs en ébène (Céline)

Nous n'avons pas la chance d'avoir les éponges en passoires (Sarrasin)

Ça a tenu aux nichons de Marie-Jeanne,
que Monsieur s'est envoyée cinq ans (Anouilh)

Question panards, il avait de la veine, il grandissait plus, lui (Céline)

Ses gigotements maladroits les amusaient énormément (Sarraute)

5 MOUVEMENTS DU CORPS

Mouvement saccadé :	frétiller[6], se trémousser, gigoter
Danser :	guincher (arg.), gambiller (pop.)
	« en suer une! » (vulg.)
Bouger, s'agiter, courir :	se manier, se magner, se secouer, se carapater
Avoir continuellement envie de	
changer de place :	avoir la bougeotte
Avoir la tête qui tourne :	avoir le tournis
Faire jouer les muscles de ses bras	
et de ses épaules :	rouler les mécaniques (vulg.)

6 LA PROPRETÉ CORPORELLE

Sale :	crasseux, cracra, crado, craspec(t), dégueulasse
On est sale :	comme un cochon, comme un peigne
On a l'habitude d'être sale :	on est un saligaud, une salope (vulg.),
	un (une) souillon
On fait sa toilette :	on se débarbouille, on se décrasse
Toilette rapide et sommaire :	un brin de toilette, une toilette de chat
Toilette soignée :	on se fait une beauté (ironie)
Raffinement de coquetterie :	on se bichonne, on se pomponne
On se maquille (pour cacher les traces	
de l'âge) :	on se ravale la façade

6. *Les poissons frétillent.*

Une jeune servante accorte et rebondie s'empressa.
Ses tétons jaillis du corset frissonnaient sous sa chemisette (Gide)
Ces dames... Toutes des patraques... (Zola)
... des nabots hideux, aux jambes courtes... (Sarraute)
Je souris par la fenêtre aux petites frimousses de la cour (Sarrasin)
Je négligerais le côté caricatural de la binette (Proust)
Ses dents blanches, ses grandes quenottes (Céline)
Ce vieux a quelque chose à la patte (Hugo)
Je vis ma quille disparaître sous un nouveau plâtre (Sarrasin)
Vous connaissez un bon hôtel, pas trop cher et pas trop crado? (Sarrasin)

15 Opposition : homme-femme

1 L'HOMME = Être humain du sexe masculin

Un homme (sens de « vir ») :	un type
On peut préciser :	un chic type, un pauv'type,
	un brave type, un drôle de type[1]...
Plutôt jeune et campagnard :	un gars (pron. gâ)
	un p'tit gars, un bon gars...
Un homme plutôt âgé, vulgaire, peu agressif, promis aux fonctions subalternes :	un bonhomme, un p'tit bonhomme
L'épouse, en milieu populaire, dira :	mon bonhomme (= mon mari)
Un individu douteux sera :	un vilain bonhomme
Mais on dira, avec éloge :	c'est un grand bonhomme[2]!
Argot militaire ou étudiant :	un gazier
Langage militaire : connotation d'habileté, de rouerie, d'aptitudes diverses, pas toujours honnêtes... :	un lascar
	C'est un fameux lascar!
L'adjudant, ou le gendarme dira :	**Je vous y prends, mon lascar!**
Connotation plutôt sympathique :	un zig, un zigue
	un bon zig (vx. ?)
Mais se méfier d'un :	zigoto, zigoteau
	un drôle de zigoto!
Et d'un :	coco, d'un zèbre
	un drôle de coco, de zèbre
	un drôle de pistolet! (vx.)
Un homme fort :	
Il est : un chef. Il se fait obéir :	un mec, un caïd[3]
Cependant, on dira :	un pauv'mec, un p'tit mec...
Il est insensible à la douleur ou à la pitié, un vrai truand :	un dur

---

1. Le féminin « typesse » est dépréciatif.
2. Le pluriel est, régulièrement : Les bonshommes ; mais on entend souvent : Les bonhommes (pop.)
3. Éthymologie : mec = roi ; caïd = chef.

Il n'hésite pas à employer la violence : c'est un casseur[4]
Un homme fort (force physique
ou morale) : il est balèze, costaud, fort comme un Turc[5]
Quelqu'un qui n'a pas réussi : un raté, un miteux, un mecton
Il est faible : c'est une moule, une poire,
une mazette (voir P. Rob), une mauviette,
une femmelette, une omelette (suffixes
féminins péjoratifs)

Un être frivole : un freluquet, un godelureau
Il doit tout à la fortune de son père : un fils à papa
Un être mou : une mollasse, un mollasson (noms ou adj.),
un gringalet

Un homme viril, sur le plan sexuel :
l'individu masculin étant, en principe,
ardent et doué sous ce rapport
C'est : un mâle[6]
Dans le « milieu », on l'appellera : un Jules
Surtout s'il est le « protecteur »
de dames : **Elle a été voir son Jules à la prison**
Il est ardent et a des aptitudes sexuelles : c'est un chaud lapin
Un homme habile, sachant se tirer
de situations difficiles sera : un fameux lapin
Il recherche les aventures féminines,
il « court le jupon ». C'est : un coureur, un loulou
Un vieillard courtisant les femmes est : un vieux marcheur, un homme à femmes
Il recherche ses aventures au hasard,
spécialement dans la rue : c'est un dragueur, il drague
Il a la réputation d'avoir souvent
du succès dans ses entreprises de
séduction, d'être « un Don Juan » : c'est un tombeur
Il est coutumier des : bonnes fortunes
A la campagne, il sera : le coq du village
Les femmes ne jurent que par lui. Il est : la coqueluche des dames
**Un homme apparemment dénué
d'aptitudes sexuelles,** ou présentant
certains stéréotypes ou certains traits
de l'autre sexe :
Il n'a pas tout l'armement nécessaire : c'est une demi-portion
Jeune, allure féminine ; raffinements
de toilette et de manières : c'est un minet

4. « Un casse », en argot, c'est un vol avec effraction.
5. Voir chapitre 14 : « Le corps humain ».
6. Ce mot, qui s'emploie peu, convient aussi aux qualités de la volonté.

S'il est particulièrement viril et fascinant pour les femmes, il sera :	un matou
Genre efféminé. On le soupçonne d'être :	une lopette, une tapette (très dépréc.)
Un incapable sous tous les rapports :	un minus, une lavette, un minable
Autres termes désignant l'individu masculin :	
Mot jadis péjoratif, pris maintenant plutôt dans un sens sympathique :	un bougre
	un bon bougre
Noter l'emploi avec « de » = « espèce de » :	bougre d'imbécile!
Péjoratif. Souvent nuance de tendresse :	un coquin. **Oh! le petit coquin!**
Violent, prêt à tous les excès :	une tête brûlée
Désagréable à fréquenter, insupportable :	un mauvais coucheur
Individu malpropre, malpoli, malhonnête :	un sagouin, un salaud, un salopard, un goujat, un saligaud...
Il a une conduite répréhensible :	c'est un vilain monsieur!
Il est vieux, laid et bête. C'est :	un vieux schnock (de l'alsacien)

Mon neveu est une brute et un coureur (Anouilh)

Quel que soit le drapeau, il y a toujours, dans la piétaille, la même proportion de bons zigues et de salopards (Perret)

Mme Quatremère nous recommanda d'un ton affectueux de ne pas faire les zigotos (Perret)

Si tu étais toute seule, et plutôt gringalet de nature comme moi... (Anouilh)

Il se pose un peu là, pas une mauviette, un gars! (Sarraute)

Les gardes, ce ne sont pas de mauvais bougres (Anouilh)

Méfie-toi, La Caille, les mecs font le jeu des bourres (= de la police) (Carco)

Nous n'imaginions pas qu'il pût exister au monde de pareils goujats (Maurois)

Que faire avec des gars qui n'ont pas encore trente ans? (Duhamel)

Les lascars, c'est la plaie de l'armée (Gibeau)

Tu parles d'un zigue, le prof (Gibeau)

Je n'ai pas de temps à perdre avec des minus de votre espèce (Gibeau)

Ils viendront à bout de toi, n'aie crainte, petit salopard! (Gibeau)

2 LA FEMME

N'employer qu'avec précaution le mot :   **fille**
Il est ordinairement dépréciatif ;
il désigne une personne de
mauvaise vie :   **c'est une fille !**
Cependant, dans les groupes de jeunes,
le mot est admis et on dira couramment :   **les garçons et les filles !**
Normalement, « fille » doit être
accompagné d'un autre élément.
On dira :   une jeune fille, une petite fille...
Les petits garçons disent parfois,
avec mépris :   les quilles (lycéen)
Il n'est pas aimable, non plus, de dire :   une typesse
Il est très grossier de féminiser
le gitan « gonze » en :   gonzesse
Une femme jeune et séduisante :   un tendron (vx.)
Une femme petite, fûtée,
un peu perverse :   une souris
Une jeune fille très féminine :   une minette
Une jeune employée qui fait les courses :   un trottin (surtout dans la couture)
Une petite fille ou une très jeune femme   une môme
Une jeune femme aux mœurs légères :   une gigolette (arg.)
Une femme antipathique :
Sèche et prétentieuse :   une donzelle (vx.)
Laide, bête :   une greluche (vx. et rare)
Bête et prétentieuse (jeune ou âgée) :   une dinde, une bécasse
Une femme qui affecte la pudeur :   une sainte-nitouche (n'y touche !)
Une jeune prétentieuse « dans
le vent » :   une snobinette
Une femme qu'on méprise :
Molle, sans réactions :   un boudin
Ignorante de la vie, du sexe :   une oie blanche
**Une femme désignée comme
objet sexuel :**
Le mâle étant « le coq », la femme sera :   une poule (vulg.)
Un jouet joli et docile :   une poupée, une petite pépée — une nana,
    une moukère (sabir hisp.-alg., arg.)

Termes nettement dépréciatifs :
Femme de mauvaise vie, prostituée :   une catin, une cocotte
Celle qui recherche les aventures :   une coureuse
Celle qui « roule » dans le ruisseau :   une roulure, une traînée
Une prostituée :   une putain, une pute (très grossiers)

Plutôt grasse, avec des bourrelets :	une poufiasse
Une femme plutôt âgée :	
Aux formes un peu lourdes :	une mémère, une mémée, une rombière (vulg.)
Une femme mariée, désignée par son mari :	
expression populaire :	ma bergère, Bichette (pop.)
En milieu ouvrier, artisan :	la bourgeoise, la patronne
populaire et affecté :	ma moitié, mon épouse (les messieurs bien élevés disent : « ma femme »)

Termes péjoratifs :

Une femme grande et maigre :	une grande bringue, un grand cheval, une grande sauterelle
Une femme maigre :	une planche à pain, elle est plate comme une limande (poisson plat)
Si elle a une allure masculine, osseuse, impérative :	c'est un gendarme, un dragon, une bougresse
Une femme acariâtre, de mauvais caractère :	une chipie, une peste, une petite peste, un poison **La poison !**

Paris était là... Plus de filles que de femmes honnêtes... (Zola)

Ah ! la garce ! Enfin, je veux dire l'effrontée... (Anouilh)

Alors Phiphi, en montrant Georges : « La petite Prâline, c'est sa poule » (Gide)

Voilà-t-il pas que je tombe sur une rombière de la haute... (Queneau)

C'était une de ses cousines, la blonde un peu boulotte, qui la consolait le mieux (Céline)

Elle est crânement jolie, mignonne, bien roulée... (Daudet)

Oui, c'est un beau petit monsieur... Et si tu l'avais vu tout petit... J'en rougissais comme une gonzesse quand je le lavais... (Anouilh)

Derrière la donzelle, le feuillage se découpait en vert très pâle (Montherlant)

Avec ça que de pareilles histoires arrivaient à des traînées de son espèce ! (Zola)

Chez quelles dindes, chez quelles garces sans éducation, chez quels goujats m'as-tu fourvoyée ? (Proust)

Deux biffins agiles emportaient dans un tourbillon des trottins... (Carco)

Le chat il a quitté sa rombière pour se faire les griffes (Céline)

Un tas de salopes, qui ne lui allaient pas à la cheville... (Zola)

Une petite qui était bien roulée, d'ailleurs... (Anouilh)

Si elle rouspète sans cesse :	c'est une grognasse
Si elle a un air méprisant :	c'est une pimbèche (anc. et lit.)
	une mijaurée (vx.)
Une vieille femme antipathique :	est une vieille sorcière
Elle a mauvaise vue	c'est une vieille taupe
Elle est toujours en mouvement	c'est une vieille toupie
Elle est osseuse et desséchée :	c'est une vieille bique
Elle abuse des fards :	c'est un vieux tableau, un pot de peinture
Bête, stupide, elle sera :	une bécasse, une dinde
Rusée, peu honnête :	une coquine, une drôlesse (paysan)
Une femme laide :	est un laideron, une mocheté
Sale, malpropre :	c'est une cochonne, une Marie-salope,
	un souillon, une souillarde
Elle est laide :	elle est moche, laide comme un pou
Elle se donne des airs d'homme :	c'est une garçonne
Elle manque de « féminité » :	elle est hommasse
Rondelette et grassouillette :	elle est boulotte (pas néc. dépréc.)
Dénominations élogieuses :	
Petite et décidée :	c'est un petit bout de femme
Grande et souple :	c'est un beau brin de femme
Elle a de belles proportions :	elle a un beau chassis (vulg.)
	elle est bien balancée, bien roulée (vulg.)
Élégante, elle a :	du chic
Élégante et sûre d'elle, et est désirable :	elle a du chien

En français « normal », le mot « homme », sans précision, désigne tout individu de l'espèce humaine. Il n'y a pas de mot courant, comme le latin « vir », désignant l'« homme » par opposition à « la femme ». La langue familière ou argotique a largement comblé ce déficit.

La langue familière et populaire a un vocabulaire abondant pour parler de la femme et, on s'en excuse ici, souvent dépréciatif. Un non-francophone, et surtout une non-francophone, n'a pas à employer ce vocabulaire. Il lui est utile de le connaître. Noter cependant :

Ne pas employer le mot *femelle,* nom ou adjectif. Il est considéré comme grossier et dépréciatif. Ne s'emploie normalement que pour les femelles des animaux.
A la place du nom, dire : *femme,* à la place de l'adjectif, dire : *féminin.*

On peut aussi féminiser des noms qui désignent « l'homme ». Le résultat est, en général, dépréciatif. Ainsi, le féminin de « gars » (= garçon) : *une garce,* signifie-t-il, soit : fille de mauvaise vie, soit : femme au caractère intolérable.

16 L'activité humaine

1 AVANT D'AGIR

Je suis plein d'ardeur :

je suis d'attaque, en forme, gonflé,
tout feu tout flamme
j'ai du ressort, du nerf, du cœur au ventre

On manque d'ardeur :

on est flemmard, engourdi, mollasse,
mollasson, gnangnan, cossard, rossard,
lambin, vachard

On est tranquille, sans soucis :
On est paresseux :

on est peinard
on a un poil dans la main,
une flemmingite aiguë, la flemme

On dirait que ça ne va pas très bien :
On manque d'audace
pour entreprendre :
Fais attention ! Il y a du danger ! :

tu as l'air tout chose

on cale, on se dégonfle
fais gaffe!
acré! pet! vingt-deux! (arg.)

Le travail :
Il paraît difficile, sans intérêt :

le boulot, le turbin, un job
un fichu boulot, un sacré boulot
un drôle de boulot, du sale boulot

Ce n'est pas difficile :
Impossible de l'éviter :

ça n'est pas sorcier!
pas moyen d'y couper!
va falloir se le farcir, se le taper

Il y a beaucoup à faire :
On est engagé dans l'action :
rêver :

il y a du pain sur la planche
on est embringué
rêvasser. **Trève de rêvasserie!**

Aide-moi et magne, je suis pressée (Sarrasin)

**Marcel (montrant une pièce d'or) : Il faut que tu t'échines tout un mois
pour en gagner une comme ça, ma petite...** (Anouilh)

**Je me sens crevée, crevée au point de ne plus pouvoir
ni bouger ni jacter** (Sarrasin)

Je ne suis pas le gars téméraire, le mec gonflé en toutes circonstances (Perret)

Laissez-moi faire mon boulot tranquillement (Anouilh)

2 L'ACTION

ı travaille avec ardeur :	on bosse, on turbine, on boulonne, on se décarcasse, on marne, on trime, on se manie, on se magne **Magne-toi! grouille-toi!** on en met un coup, on ne lanterne pas, on met le paquet, on met la gomme
Travail scolaire, études :	on pioche, on bûche, on potasse **J'ai pioché mon anglais** (ch. 1)
On cherche à se faire bien voir du chef :	on fayote (on est « un fayot »)
On va jusqu'au bout de ses forces :	on se sort les tripes (vulg.), on se décarcasse, on s'échine comme un beau diable!
On se démène...	
On se fait du souci :	du tintouin
Le travail avance vite :	ça gaze, ça carbure
C'est difficile :	c'est coton
L'affaire est difficile :	elle donne du fil à retordre
On travaille sans ardeur :	on ne se casse pas, on n'en fiche pas une ramée, on n'en fiche pas une secousse, on traîne, on traîne la savate, on traînasse, on tire sa flemme, on lambine, on se se foule pas
On essaie d'éviter les travaux pénibles :	on tire au flanc, on tire au cul (vulg.)
On travaille avec négligence :	on travaille par-dessus la jambe
Il gâche le travail. C'est un :	gougnaffier, gougnaffié (pop. ou arg.)

Qu'est-ce qu'elle dirait si elle apprenait que tu me laisses insulter par un galapiat, un gougnafier ? (Queneau)

On peut dire que pour leurs amis ils ne se dégonflent pas (Pinget)

Au lendemain d'une révolution ratée, il y a du pain sur la planche, je te l'assure (Anouilh)

Il venait bosser, qu'il prétendait, rien que pour son plaisir, un maniaque, un bluffeur... (Céline)

Les permissionnaires ne songeaient pas à lambiner (Gibeau)

Tu as vu ces pauvres têtes d'employés fatigués écourtant les gestes, avalant les mots, bâclant ce mort pour en reprendre un autre avant le repas de midi ? (Anouilh)

T'en as pas marre encore ? (Gibeau)

3 LE TRAVAIL EST FAIT

On arrête de travailler : on débraie, ou débraye (v. « débrayer »), on dételle (v. « dételer »)

C'est très bien ! au poil! (ne pas conf. av. « à poil », ch. 4)

impec. (de « impeccable »)

Le travail est mauvais, manqué : c'est loupé, raté

Il manque de soin : il est saboté, saveté, bâclé, vaseux

Il a été mal fait : il est cochonné, gâché, c'est du gâchis

C'est mal ajusté : c'est fichu comme quatre sous, fichu comme l'as de pique

tout de traviole (pop. pour « de travers »)

C'est lourd, grossier. C'est : mastoc

Une œuvre manquée, c'est : un navet

Il n'y a rien à en tirer : ce n'est ni fait ni à faire!

C'est à recommencer : il va falloir remettre ça

4 ET, NATURELLEMENT, APRÈS LE TRAVAIL...

Si on a bien travaillé, on est fatigué : vanné, crevé, claqué, flapi, sur les genoux, flagada, pompé, vidé, sur le flan (ou « flanc »)

On est abattu, découragé : on en a marre!

Et l'on s'écrie, non sans raison : **Vivement ce soir, qu'on se couche!**

On boulonne

17 Activités « irrégulières »

La langue populaire et l'argot sont très riches en ce qui concerne le vocabulaire de la délinquance. On n'a cherché ici qu'à donner un certain nombre de termes qu'il est difficile de ne pas rencontrer.

1 LES PERSONNES QUI SE LIVRENT A CES ACTIVITÉS

C'est surtout — et c'est bien naturel — dans la langue des milieux « bourgeois » qu'on trouve le plus de termes désignant, péjorativement, ceux qui se livrent aux activités « délinquantes ». Nous en donnons ici quelques-uns, bien qu'ils ne fassent pas, à proprement parler, partie du programme de ce livre.

Le milieu « délinquant », en général :	la canaille, la racaille, la pègre,
Les « truands » :	la basse pègre, la crapule, les voyous,
	les vauriens, les gredins, les arsouilles,
	les gouapes, la fripouille, la vermine
L'individu est :	une petite frappe, une crapule,
	une fripouille, une canaille
Le vol :	
Un « voleur » peut être :	un pick-pocket ou voleur à la tire
Un cambrioleur :	un casseur (arg.)
Il vole dans les chambres d'hôtel :	c'est un rat d'hôtel, une souris d'hôtel
Il vole en trompant les naïfs :	c'est un escroc, un filou
Une « combine » malhonnête, c'est :	du fricotage, du tripotage
Un homme violent :	un bagarreur, un tueur
Un voleur, un assassin :	un bandit, un gangster
La prostitution :	
Un proxénète :	un maquereau, un marlou, un Jules
Une proxénète :	une maquerelle, une entremetteuse
Une prostituée : voir chap. 15	

2 LES ACTES DE DÉLINQUANCE

Plutôt que « voler » on dira :	piquer, barboter, choper, faucher
Vol avec tromperie :	on a blousé, estampé, floué, roulé (quelqu'un)
	pigeonné (un pigeon),
	carotté (à propos d'un travail...)

Vendu des marchandises non payées :	c'est du carambouillage, de la carambouille (un carambouilleur)
Vol de petites choses, plutôt alimentaires, à la campagne :	la maraude, un maraudeur, le chapardage, un chapardeur
Vol avec violence, menaces, effraction :	un fric-frac, un hold-up
Un cambriolage :	un casse (arg.)
Coups et blessures :	
Battre violemment :	tabasser, passer à tabac, dérouiller
On reçoit des coups :	on dérouille
Une « volée » de coups, c'est :	une trempe, une torgnole, un ramponneau (vx.), une rossée (rosser)
Une gifle violente, c'est :	une taloche, une claque
Se battre, c'est :	se bigorner, se crêper le chignon
Entre « mauvais garçons », cela s'appelle :	un règlement de comptes

> **Si l'on mettait toute cette racaille en prison les honnêtes gens pourraient respirer** (Camus)
>
> **Je ne pouvais tout de même pas m'offrir le luxe d'une crapule dans les deux camps** (Anouilh)
>
> **La France a aussi sa bonne mesure d'imbéciles, d'incapables et de crapules...** (Anouilh)
>
> **Toi aussi, canaille, t'iras en prison que je te dis moi!** (Céline)
>
> **Le juge nous fiche le casse de la bijouterie sur les endosses** (Sarrasin)
>
> **J'ai quand même dûrement dérouillé** (Céline)
>
> **Ça tabasse atroce!** (Céline)
>
> **Pourtant, à ce que j'ai compris, ils ne te les ménagent pas, les torgnoles, les autres** (Anouilh)
>
> **Elle écopait d'un ramponneau et d'une bordée d'engueulades** (Céline)
>
> **Ça buterait père et mère, histoire de se faire la main!** (Carco)
>
> **Un coup de surin — c'est un terme de métier, Monsieur — donné à une vieille femme... pas de quoi fouetter un chat!** (Anouilh)
>
> **Si y a personne, tu boucles la lourde** (Queneau)
>
> **Comment avez-vous pu aimer à ce point cette petite fripouille, cette petite brute?** (Anouilh)

Tuer quelqu'un, l'abattre, c'est :	le zigouiller, le bouziller (bousiller)
Avec une arme à feu :	le descendre, le flinguer
Parmi les nombreux mots d'argot	
« truand » relatifs à ce sujet,	
on peut citer :	allumer, crever quelqu'un, effacer, étendre, refroidir, buter...

3 L'OUTILLAGE DU « DÉLINQUANT »

Mots dont on n'aura sans doute pas souvent l'occasion de se servir, mais qui pourront aider à la lecture des romans policiers.

Armes :

Un fusil :	un flingot, un flingue (arg. militaire)
Un pistolet :	un pétard, un calibre, un soufflant, une pétoire, un rigolo, un feu
Un couteau :	un eustache, un surin, une lame
Une mitraillette :	une sulfateuse, une lampe à souder
Une balle :	une bastos
Tuer à coups d'arme à feu :	flinguer, faire un carton,
Tuer à coups d'arme blanche :	suriner, faire une boutonnière, piquer
Instruments :	
Forcer une porte, c'est :	débrider la lourde (arg.)
Au moyen d'un levier :	la pince-monseigneur, la plume
Les (fausses) clefs :	les caroubles (arg.)

4 EN FACE DE L'ARMÉE DU CRIME, LES FORCES DE L'ORDRE...

Comme c'était aux « bourgeois » de fournir des termes pour désigner les hommes de « la pègre », c'est aux gens du « milieu » qu'on demandera des mots pour désigner les défenseurs de la Propriété et de la Loi.
Attention ! L'emploi d'un de ces termes devant un représentant de la loi peut entraîner de gros ennuis !

Les policiers :	les flics, les cognes, les bourres, les condés
Un gendarme :	un pandore
Un agent cycliste :	une hirondelle
Les agents motocyclistes :	les motards
La police des mœurs (terme généralisé) :	les poulets
La « police parallèle » :	les barbouzes
Dénomination collective et méprisante :	la flicaille, la poulaille
Les menottes :	les bracelets

La voiture cellulaire :	le panier à salade
Ne pas confondre avec :	le car de police
L'arrestation générale :	la rafle
Les indicateurs :	les indics, les mouchards, les moutons
On a été dénoncé, livré :	mouchardé, donné

L'action des forces de police

On procède à une *descente de police*. Un quartier est *bouclé*. On a tendu une *souricière*. Cela va faire « un beau coup de filet », à moins que les malfaiteurs n'aient réussi à passer *entre les mailles* (termes « normaux »).

Les malfaiteurs sont cernés. Ils disent :	on est bons!
Ou :	on est fait comme des rats!
Ils se sont fait prendre :	ils se sont fait : agrafer, coincer, cueillir, choper, piquer
En flagrant délit :	la main dans le sac
On les a mis dans le « panier à salade » :	ils se sont fait embarquer
S'ils résistent, ils risquent de :	se faire passer à tabac, tabasser
On les enferme en prison : Ils se font :	coffrer
Mais les choses ne sont peut-être pas allées si loin. Tout s'est réduit à une simple contravention :	une contredanse

Le Juge d'Instruction :	le curieux (arg.)
Le Tribunal, les Assises :	les Assiettes (arg.)
L'avocat :	le bavard, le débarbot (arg.)
L'avocat général (avocat de l'accusation) :	le bêcheur (arg.)

Ça tabasse atroce!

La prison :
A perpétuité :
La salle de détention provisoire des
commissariats et des gendarmeries,
c'est :
De toute façon, on le sait :
Et :

la taule, le ballon, le gnouf... (arg.), le trou
à perpette (perpète)

le violon, le bloc (pop.)
Force reste toujours à la Loi
Le crime ne paie pas

Nous vous materons, petite gouape ! (Gibeau)

**Les valets de chambre de ces messieurs me prenaient pour le maquereau.
Et puis tout le monde finit par me prendre pour un maquereau** (Céline)

**Je lui dirai quelle fripouille tu es,
et je te flanquerai la rossée que tu mérites, devant lui** (Anouilh)

**J'ignore par quel miracle
il ne s'est pas fait suriner dix fois par les souteneurs** (Anouilh)

Tu pourrais balader des grenades ou n'importe quelle pétoire (Sartre)

**Les honnêtes gens s'aperçoivent toujours qu'ils ne peuvent pas,
eux, se passer de la police. C'est l'innocente vengeance des poulets** (Anouilh)

Tu vas donc te colleter avec les cognes ? (Hugo)

**Maintenant que voilà la flicaille vidée, dit Zazie,
tu vas peut-être me répondre** (Queneau)

Tu risques de te faire choper (Gide)

La Petite Prâline s'est fait coffrer (Gide)

Je connais le code de la route, moi. Jamais de contredanses ! (Queneau)

J'ai claironné, à l'arrivée, que je repartais pour les Assiettes (Sarrasin)

Ces Jésus ! Deux ans de gniouf à la Venstre !... Je verrais leurs mines !... (Céline)

Ces sales flics, ils ont fait exprès de me laisser seul avec lui ! (Ionesco)

**J'espère bien, ma petite, que ce qu'il va trouver ici,
c'est deux pandores, qui lui mettront la main au collet** (Anouilh)

Je ne crains vraiment que la poulaille (Sarrasin)

18   La bagarre

On cherche la bagarre :
Il aime se battre. Il est agressif :   il est : bagarreur, baroudeur
Il veut me prendre en défaut :   il me cherche des crosses
    il me cherche. **Faut pas me chercher !**
Il me malmène rudement :   il est tout le temps à me tarabuster
Échange de mots :
Il a dit du mal de moi. Il m'a dénigré :   il m'a débiné
Il me regardait avec insolence :   il me reluquait[1]
Il a refusé de m'entendre. Il m'a :   rembarré
Il m'a envoyé :   paître, coucher, promener...
Il s'est moqué de moi :   il s'est payé ma tête
J'ai opposé mes arguments aux siens :
Je l'ai :   contré
Je lui ai dit :   ma façon de penser, son fait, ses quatre vérités
Il a reçu :   son paquet
Il a pu voir :   de quel bois je me chauffe !
Il m'a répondu violemment. Il a fait :   du raffut, du chambard, du grabuge
Il a crié :   comme un putois, comme un âne, un veau...
Il a :   gueulé, braillé, pris la mouche
Il m'a :   engueulé
Il m'a provoqué en me traitant de lâche :   de capon, de dégonflé
Il m'a menacé de me donner
une correction :   de me casser la gueule
Le combat, l'altercation :   la bagarre, la châtaigne (arg.), le baroud
On s'est battus :   on s'est bigornés, écharpés, expliqués, colletés,
Des gifles :   des claques, des taloches, des baffes,
Des coups :   des beignes, une râclée, une pile, des mornifles
Des coups de poing :   des gnons, des marrons, des ramponneaux
Une volée de coups :   une dégelée, une dérouillée, une frottée,
    une trempe, une déculottée
Je regimbe, je réagis :   je me rebiffe
Beaucoup de bruit :   du boucan, du raffut, du bousin
Je tapais fort :   je cognais comme un sourd, à bras raccourcis
Je prenais l'avantage :   j'avais repris du poil de la bête

---

1. *Employé aussi pour parler d'un homme qui regarde une femme désirable.*

Après avoir reçu des coups :   on est (bien) esquinté, (bien) amoché,
on a compris, on est sonné

Bons amis :   copains comme cochons !

Se remettre en forme :   se requinquer

Compléter par des termes pris dans les chapitres : Le Corps Humain ; Activités
« irrégulières »... etc. (chap. 14 et 17).

Il y a du grabuge, rue Saint-Martin (Hugo)

**Ils nous mitraillaient, en braillant très fort,
parce qu'ils avaient les grelots eux aussi** (Perret)

Il s'est bigorné la trompe (Céline)

On sent le bon petit camarade qui vous débinera en sortant (Proust)

Un instant, on put craindre un échange général de claques (Zola)

Si j'étais certain de sa malhonnêteté, je lui filerais des trempes affreuses (Céline)

C'est un bon zigue, mais il adore gueuler (Gibeau)

**L'irascible personnage m'informa que,
si je désirais ce qu'il appelait une dérouillée,
il me l'offrirait de grand cœur** (Camus)

Elle s'est rebiffée, et elle m'en a cassé un morceau à moi-même (Céline)

19   La vie humaine

L'enfance :
Un enfant, c'est :

un marmot, un mioche, un môme, un morveux,
un moutard, un gosse, un lardon (vulg.),
un loupiot (pop.), un galopin

Un petit garçon, un jeune employé :
Les enfants, en général, c'est :
Mon frère, ma sœur :

la marmaille, les mouflets, les mouflettes,
mon frangin, ma frangine

La jeunesse :
Les jeunes gens, la jeune génération :

les jeunes
un jeunot, un blanc-bec (dépr.)

La vieillesse :
Il a soixante ans, soixante-dix ans :
Il dit :

bien sonnés!
« de mon temps »

Les jeunes gens le désignent comme :
Impotent, gâteux :
Vieux militaire :
Ou encore :
(Voir chap. 14 et 15)

croûlant, gaga
vieille baderne, vieille ganache
vieux birbe, vieille toupie

Il a vieilli subitement, se dit :

il a pris un coup de vieux!

La mort :
Il ne va pas tarder à mourir :
Ou, plus brutalement :
Il est blessé grièvement :

il file un mauvais coton!
il est fichu! il est foutu! (vulg.)
il a son compte!

Pour éviter le verbe « mourir », on dit
parfois, d'un ton gouailleur ou détaché :

crever, claquer, clamecer, clamser
calancher (vx.)

Il est mort :

il a avalé son extrait de naissance,
il a passé l'arme à gauche

En argot d'étudiant en médecine
(carabin), un cadavre, c'est :
Enterré, le mort :

un macchabée
mange les pissenlits par la racine

— **Comment s'appelle votre mioche ?** (Hugo)
— **Ah ça! mômes! avons-nous dîné ?** (Hugo)
J'ai peur. Je crève de peur à ce moment (Anouilh)
Les croûlants veulent grossir jusqu'à leur dernière minute (Pinget)

20 Amitié-amour

Ces deux sentiments ne se confondent pas ; mais ils sont souvent exprimés par les mêmes mots, dans la langue populaire.

On est ami de quelqu'un : on en pince pour lui, on l'a à la bonne (arg.)
On l'aime ou on le désire : on est mordu. On l'a dans la peau (vulg.)
on a le béguin pour lui, pour elle

Amour présumé passager, une passade : on (s') est toqué de qqn. C'est une toquade
on (s') est entiché (de qqn., de qqch.)

On est excité (par des airs provocants...) on est aguiché
On lui donne des démonstrations
de tendresse. On lui fait : les yeux doux, des mamours (enfant)
On le cajole, on le dorlote : on le chouchoute (cf. « le chouchou
du prof. », ch. 1)

On lui fait la cour, surtout en paroles :
On lui fait : du boniment (vx.), du gringue (vulg.),
du baratin (on le baratine)

Faites en vue du mariage, ces
démonstrations sont pour le bon motif

Le Comte s'était pris de béguin pour elle (Zola)
On m'avait possédé une fois. On ne m'aurait plus au boniment (Céline)
— C'est rien que des copains, au paradis ! (Anouilh)
On fonce dedans, mon petit pote, et on cogne dur ! (Anouilh)
Elle faisait du gringue à d'Épauville... (Pinget)
— Mais qu'ira-t-on dire, si mon mari se toque d'un pou ? (Anouilh)
Les femmes du monde à la page, toujours entichées de voyous... (Anouilh)
Elle se pelotonnait déjà, tout aguichée (Sarraute)

Un camarade, c'est :

un copain (une copine), un pote (mot venu du breton), un poteau, un frère, une vieille branche

Il est très sympathique :

il est vachement sympa !

Un être aimé - d'amour - c'est :

un béguin
un bon ami (pop.), un petit ami

Deux amoureux, ce sont :

deux tourtereaux

Deux camarades, ou amoureux, inséparables, forment :

un binôme (arg. étud.)

Termes par lesquels s'exprime la tendresse :

On dit, au féminin :

Ma bobonne, ma nana, ma poule, ma poulette, ma bibiche, ma bichette, ma biquette, ma puce...

Au masculin :

mon chou, mon lapin, mon biquet, mon nounours.

Répertoire, évidemment difficile à limiter et à contrôler...

Mon lapin, mon chou, ma puce, ma biquette

21 Opposition : courage, audace - lâcheté, peur

Il a de l'audace :	il est gonflé, culotté, gonflé à bloc
	il a du culot, du toupet, du sang dans les veines
	il n'a pas froid aux yeux
Il m'a redonné du courage :	il m'a regonflé
Il a peur :	il est paniqué
	il a la frousse, les foies (arg.),
	les chocottes les chocotes (vulg.), la trouille,
	le trouillomètre à zéro, la pétoche,
	les jetons, les grelots
	c'est un dégonflard, un froussard,
	un trouillard, une poule mouillée
Il s'est caché (loin du danger) :	il s'est planqué
Ça lui a fait peur :	ça lui a fait froid dans le dos
Il a grand-peur :	il a une peur bleue, il est vert de peur,
	il crève de peur

Il est culotté, ce saligaud-là ! (Céline)

**Je ne suis pas embarrassé pour trouver d'autres types
qui auront plus de culot que vous** (Gide)

Elles avaient les foies que je me tire (= peur que je ne parte) (Céline)

Jamais eu une telle trouille de ma vie ! (Queneau)

Dès lors, ma frousse devint panique (Céline)

22 Prendre la fuite

Fuir, pour éviter quelque chose, en général :

se barrer, se débiner, se tirer, mettre les bouts, mettre les voiles

Fuir en courant, c'est :

caleter, ou calter (pop.), se carapater
cavaler, décaniller, décarrer
détaler comme un lapin
prendre ses jambes à son cou
prendre la poudre d'escampette,

Fuir, en abandonnant une position : ficher le camp, foutre le camp (vulg.)

Débarrassez cet endroit : dégagez!

Déménager : prendre ses cliques et ses claques, du large, le large

Fuir une difficulté, une corvée, c'est :

y couper (fam.), se défiler, tirer au flanc (on tire au flanc)

S'évader d'une prison, c'est : se faire la belle, la cavale (arg.)

Quitter la caserne, la pension, pour passer la nuit dehors : faire le mur

Le départ de la caserne, à la fin du service militaire : la quille

---

Il saute dans la camionnette de la compagnie, qui se débinait (Perret)

Les Anglais, il suffirait de leur taper fort dessus,
et au bon moment, pour les faire décaniller d'Orléans (Anouilh)

Moi, je me suis barrée dans le couloir, continua la fille (Carco)

Il a eu le courage de se tirer énergiquement, à la fin du compte (Gibeau)

Si nous faisons attendre Testevel, il est capable de foutre le camp (Duhamel)

Cavale doublée de vol, ça va chercher loin!...
(= C'est sanctionné sévèrement) (Sarrasin)

23   De quelques défauts

1 ORGUEIL ET VANITÉ

Un orgueilleux, un vaniteux :   un crâneur, un poseur, il crâne, il fait des épates,
                                        il croit que c'est arrivé !

Il se croit d'une race supérieure :   il se croit sorti de la cuisse de Jupiter
Il fait le malin. Il fait l'intéressant : il fait le mariole (mariol, mariolle), il la ramène

2 SERVILITÉ

Il flatte les chefs, les riches :   il leur lèche les bottes
C'est un :   lèche-bottes, un fayot
Il travaille pour se faire remarquer :   il fayote (cf. chap. 1 et 15)

3 IRRITABILITÉ, MAUVAIS CARACTÈRE

Il est hargneux, agressif :   c'est un mauvais coucheur
                                        il a un fichu (foutu) caractère,
                                        un caractère de cochon, de chien...

Il est de mauvaise humeur :   il a une humeur massacrante
                                        il est à cran
                                        il a dû se lever du pied gauche
Il exprime son mécontentement :   il maronne, il râle, il rouspète, il rouscaille
Ça se voit, qu'il est mécontent :   il tique. **Il en fait un nez !**

4 MENSONGE, TROMPERIE

On ne peut pas se fier à lui :   c'est un faux-jeton
Il nous a trompés :   embobinés
                                        on nous a fait marcher, couillonnés (vulg.),
                                        pigeonnés, carottés, roulés,
                                        on est tombés dans le panneau

C'est de la comédie, une chose
trompeuse :   c'est de la frime ! du bidon !

5 SALETÉ

Saleté physique, matérielle. C'est sale :	craspec, craspect, cracra, crado, dégueulasse, pisseux sale comme un peigne, comme un cochon
Personnage méprisé (sale et pauvre) :	pouilleux, un pouilleux
Il est vicieux :	c'est un salaud, un saligaud, une salope, un cochon
Le travail est mal présenté :	il est cochonné, salopé, minable (cf. chap. 16)
Du gaspillage, du désordre :	de la gabegie
Une chose inconvenante :	une saloperie, une cochonnerie

Viens donc faire maronner le père Hucheloup! (Hugo)

**Celui qui a reçu les cent sous du pauvre
est pour toujours un beau dégueulasse!** (Céline)

C'était un bien grand saligaud comme officier (Céline)

Les médecins, c'est bien connu, c'est tous des cochons!... (Céline)

Je ne veux pas d'une petite salope dans ma maison! (Queneau)

**Toi, quand j'y pense, t'as le bon bout.
Tu vends tes bobards aux crevards...** (Céline)

Les affaires de la France, après tout, ce n'est pas ses oignons!... (Anouilh)

Je me fiche pas mal des vieux, moi! (Hugo)

**Chez Ford, faut pas crâner, parce que si tu crânes
on te foutra à la porte en moins de deux** (Céline)

Je lui avais demandé d'en finir avec ses bobards de cinglé... (Perret)

Tu veux dire quelque chose, toi, Sénac? Tu veux peut-être rouspéter? (Duhamel)

Les maisons vous possèdent, toute pisseuses qu'elles sont (Céline)

Elle est barbue, comme vous savez, moche comme vous savez (Pinget)

6 LAIDEUR

Laid :

moche, mal fichu, mal foutu
Il est laid comme un pou, comme un singe, comme les sept péchés capjtaux

7 INDISCRÉTION

Il se mêle de ce qui ne le regarde pas :
il fourre son nez partout

Il est méticuleux, tatillon, vétilleux :
il cherche la petite bête

Il cherche à se faire inviter aux repas :
c'est un pique-assiette

Il cherche à tout savoir, à tout voir :
un fouinard, un voyeur (déviation sexuelle)

Il propage des nouvelles incontrôlées :
des bobards, des racontars

8 LE SANS-GÊNE

Un sans-gêne :
un mufle

Un personnage ennuyeux :
un raseur, un empoisonneur, un emmerdeur, un casse-pieds, un enquiquineur

Il vous ennuie :
il vous fait suer, il vous embête

Occupez-vous de vos affaires :
mêlez-vous de vos oignons!

On se moque de lui ; on le méprise :
on se fiche de lui
on se fout de lui (grossier, mais commun)

La langue « populaire » et la langue « vulgaire » sont mieux armées pour la critique que pour l'éloge.

24 Mépris, hostilité, agressivité

Excédé par quelqu'un de ses défauts, on peut être amené à penser du mal du prochain.

On ne peut pas le supporter :

on ne peut pas le blairer, le sentir, le pifer, le pifrer, le voir en peinture

Je me moque de lui, de cela :
On n'est pas dans les faveurs
(du patron) :
Il ne nous aime pas :

je m'en balance!

on n'est pas dans sa manche
il nous a dans le nez,
nous sommes sa bête noire, sa tête de Turc

Il fait voir sa colère :
Il s'est conduit brutalement
à mon égard :
Je me vengerai :

il a l'air furibard, furax, fumace

il m'a fait des vacheries!
je lui réserve un chien de ma chienne!

Je lui réserve un chien de ma chienne!

25 Approbation

C'est beau :
Ou, dans une langue plus moderne :

c'est chic, chouette, formidable ; bath, épatant
formid, au poil, sensass, terrible
ça nous épate! il nous épate!

On peut l'approuver en criant :

chic! au poil! etc.
chapeau! du tonnerre!

S'ils sont contents d'une chanson,
les spectateurs, plutôt que « bravo »,
« bis », crient :

une autre!

Note : Il n'y a aucun ordre ni aucune progression entre les chapitres. Ils ont été constitués au hasard des enquêtes.

68

INDEX ALPHABÉTIQUE :

barboter *(v.)* : p. 52.
barbouze *(la -)* : p. 40.
barbouzes *(les -)* *(m.)* : p. 54.
barder *(v.)* : p. 28.
baroud *(le -)* : p. 57.
baroudeur *(adj.)* *(un -)* : p. 57.
barouf *(du -)* : p. 28.
barrer *(se -)* : p. 63.
bas de laine *(le -)* : p. 10.
bassinant *(adj.)* : p. 32.
bassiner *(v.)* : p. 33.
bassinet *(cracher au -)* : p. 10.
bastos *(une -)* : p. 53.
bastringue *(un -)* : p. 23.
bateaux *(les -)* : p. 14.
bath *(adj.)* : p. 68.
bâton de chaise *(une vie de -)* : p. 32.
bavard *(le -)* : p. 55.
beauté *(se faire une -)* : p. 42.
bec *(le -)* : p. 39.
bec *(tomber sur un -)* : p. 8.
bécane *(une -)* : p. 17.
bécasse *(une -)* : p. 46.
bêcheur *(le -)* : p. 55.
becter *(v.)* : p. 22.
bedaine *(la -)* : p. 40.
bedon *(le -)* : p. 40.
béguin *(le -)* : p. 60.
béguin *(un -)* : p. 61.
beigne *(une -)* : p. 57.
belle *(la -)* : p. 63.
benêt *(un -)* : p. 31.
bergère *(ma -)* : p. 47.
bêta *(adj.)* *(un -)* : p. 31.
bête *(chercher la petite -)* : p. 66.
bête noire *(la -)* : p. 67.
bêtifier *(v.)* : p. 30.
bêtise *(la -)* : p. 30.
bêtise *(une -)* : p. 30.
beurre *(faire son -)* : p. 10.
beurré *(adj.)* : p. 25.
beurre noir *(un œil au -)* : p. 39.
bibi *(le -)* : p. 14.
bicher *(v.)* : p. 32.
bichonner *(se -)* : p. 42.
Bichette *(n. pr.)* : p. 47.
biclot *(un -)* : p. 17.
bicoque *(la -)* : p. 16.
bide *(le -)* : p. 40.

bidochage *(le -)* : p. 6.
bidoche *(la -)* : p. 21.
bidocher *(v.)* : p. 6.
bidon *(du -)* : p. 64.
bidonner *(se -)* : p. 34.
bifton *(un -)* : p. 9.
bigaille *(de la -)* : p. 9.
bignole *(une -)* : p. 16.
bigorner *(v.)* : p. 18.
bigorner *(se -)* : pp. 53, 57.
bile *(la -)* : pp. 12, 33.
biler *(se -)* : p. 33.
binette *(la -)* : p. 38.
binôme *(un -)* : p. 61.
bique *(une -)* : p. 48.
birbe *(un vieux -)* : p. 59.
biscoteau *(un -)*, ou : biscoto *(un -)* : p. 40.
bistrot *(un -)*, ou : bistro *(un -)* : p. 23.
bitos *(le -)* : p. 14.
biture *(une -)* : p. 25.
bizut *(un -)*, ou : bizuth *(un -)* : p. 7.
bizutage *(le -)*. ou : bizuthage *(le -)* : p. 7.
blague *(une -)* : p. 34.
blagueur *(un -)* : p. 34.
blairer *(v.)* : p. 67.
blanc-bec *(un -)* : p. 59.
blase *(le -)* : p. 39.
bleue *(une peur -)* : p. 62.
blindé *(adj.)* : p. 25.
bloc *(le -)* : p. 56.
bloum *(un -)* : p. 14.
blouser *(v.)* : p. 52.
bobard *(un -)* : p. 66.
bobine *(la -)* : p. 38.
bock *(un -)* : p. 24.
boire comme un trou : p. 23.
boîte *(la -)* : p. 5.
bol *(du -)* : p. 12.
bol *(ras le -)* : p. 33.
bolée *(une -)* : p. 24.
bombance *(faire -)* : p. 22.
bonhomme *(un -)* : p. 43.
boniment *(le -)* : p. 60.
bonne *(à la -)* : p. 60.
bordée *(une -)* : p. 32.
bosser *(v.)* : p. 50.
bossu *(rire comme un -)* : p. 34.
bottes *(plein les -)* : p. 33.
boucan *(du -)* : pp. 28, 57.

C

carafe *(la -)* : p. 38.
carambouillage *(le -)* : p. 53.
carambouille *(la-)* : p. 53.
carambolage *(un -)* : p. 18.
carapater *(se -)* : pp. 42 et 63.
carburer *(v.)* : p. 52.
carcasse *(la -)* : p. 37.
car de police *(un -)* : p. 55.
carne *(de la -)* : p. 21.
carotter *(v.)* : pp. 6, 52, 64.
caroubles *(les -)* : p. 54.
carpe frite *(des yeux de -)* : p. 39.
carré *(adj.)* : p. 10.
carré *(un -)* : p. 7.
carrée *(une -)* : p. 16.
carrossé *(adj.)* : p. 37.
carton *(un -)* : p. 54.
casquer *(v.)* : p. 10.
casse *(un -)* : p. 53.
casse-croûte *(un -)* : p. 21.
casse-pieds *(un -)* : pp. 32, 66.
casser *(se -)* : p. 50.
casser le morceau *(v.)* : p. 28.
casseur *(un -)* : pp. 52, 54.
cassis *(le -)* : p. 38.
catin *(une -)* : p. 46.
cavale *(la -)* : p. 63.
cavaler *(se -)* : p. 63.
cerveau fêlé *(le -)* : p. 31.
chahut *(du -)* : pp. 7, 28.
chahuter *(v.)* : p. 7.
chambard *(du -)* : pp. 7, 57.
chambrée *(une -)* : p. 16.
champignon *(le -)* : p. 18.
chapardage *(le -)* : p. 53.
chapardeur *(un -)* *(adj.)* : p. 53.
chapeau ! : p. 68, p. 16.
charmeuses *(les -)* : p. 40.
charpenté *(bien -)* : p. 37.
chasse *(un -)* : p. 39.
châssis *(le -)* : p. 37.
chat *(une toilette de -)* : p. 41.
châtaigne *(la -)* : p. 57.
chauffard *(un -)* : p. 19.
chauffer *(v.)* : p. 28.
chercher *(qqn.)* *(v.)* : p. 57.
cheval *(un -)* : p. 47.
cheveux *(se faire des -)* : p. 33.
chialer *(v.)* : p. 34.

chic *(adj.)* : pp. 48, 68.
chien de sa chienne *(un -)* : p. 67.
chien *(du -)* : p. 48.
chigner *(v.)* : p. 34.
chignole *(une -)* : p. 17.
chipie *(une -)* : p. 47.
chipoter *(v.)* : p. 22.
chocotes *(les -)* *(fém.)* *(sens propre)* : p. 39.
chocotes *(les-)* *(fém.)* *(sens figuré)* : p. 62
choper *(v.)* : pp. 52, 55.
chose *(l'air tout -)* : p. 49.
chou *(un -)* : p. 8.
chouchou *(un -)*, ou : **chouchoute** *(une -)* : p. 8.
chouchouter *(v.)* : p. 60.
chouette *(adj.)* : p. 68.
choux *(dans les -)* : p. 8.
ciboulot *(le -)* : p. 38.
cinglé *(adj.)* : p. 31.
citrouille *(la -)* : p. 38.
clamecer *(v.)* = **clamser** *(v.)* : p. 59.
clapet *(le -)* : p. 39.
clapier *(un -)* : p. 16.
claque *(une -)* : pp. 53, 57.
claque *(en avoir sa -)* : p. 33.
claqué *(adj.)* : pp. 35, 51.
claquer *(v.)* : p. 59.
claquer *(la -)* = **claquer du bec** *(v.)* : p. 20.
cliques et ses claques *(prendre ses -)* : p. 63.
cloche *(adj.)* : p. 31.
clou *(un -)* : p. 18.
cochon *(un -)* : pp. 42, 65.
cochon *(sale comme un -)* : p. 65.
cochonnaille *(de la -)* : p. 21.
cochonne *(une -)* : p. 48.
cochonné *(adj.)* : p. 51.
cochonner *(v.)* : p. 65.
cochonnerie *(une -)* : p. 65.
coco *(un -)* : p. 43.
cocotte *(une -)* : p. 46.
cœur au ventre *(du -)* : p. 49.
coffre *(le -)* : p. 40.
coffrer *(v.)* : p. 55.
cogne *(un -)* : p. 54.
cogner *(v.)* : p. 57.
coiffé *(né -)* : p. 12.
coincer *(v.)* : p. 55.
collante *(une -)* : p. 8.
colle *(une -)* : p. 6.
coller *(v.)* : p. 8.

débloquer *(v.)* : p. 30.
debout *(dormir -)* : p. 35.
debout *(une histoire à dormir -)* : p. 36.
débraillé : p. 15.
débrayer *(v.)* : p. 53.
débrider la lourde *(v.)* : p. 54.
décaniller *(v.)* : p. 63.
décarcasser *(se -)* : p. 50.
décarrer *(v.)* : p. 63.
dèche *(la -)* : p. 9.
déconner *(v.)* : p. 30.
décor *(aller dans le -)* : p. 18.
décrasser *(se -)* : p. 42.
décrochez-moi-ça *(au -)* : p. 13.
déculottée *(une -)* : p. 57.
deffe *(la -)* : p. 14.
défiler *(se -)* : p. 63.
dégager : p. 63.
dégaine *(la -)* : p. 37.
dégelée *(une -)* : p. 57.
dégonflard *(un -)* : p. 62.
dégonflé *(un -)* : p. 57.
dégonfler *(se -)* : p. 49.
dégueulasse *(adj.)* : pp. 42, 65.
démerder *(se -)* : p. 30.
demi *(un -)* : p. 24.
demi-portion *(une -)* : p. 44.
dent *(la -)* : pp. 20, 39.
dépatouiller *(se -)* : p. 30.
dépendeur d'andouilles *(un -)* : p. 37.
dépoitraillé *(adj.)* : p. 15.
dérailler *(v.)* : p. 30.
dérouillée *(une -)* : p. 57.
dérouiller *(v.)* : p. 53.
descendre *(v.)* : p. 54.
déshydraté *(adj.)* : p. 23.
dessoûler *(v.)* : p. 26.
dételer *(v.)* : p. 51.
détente *(dur à la -)* : p. 10.
déveine *(la -)* : p. 12.
dico *(un -)* : p. 6.
digestif *(le -)* : p. 24.
dinde *(une -)* : pp. 46, 48.
dingo, dingue *(adj.)* : p. 31.
dirlo *(le -) (la -)* : p. 5.
dodo *(le -)* : p. 35.
dodo *(faire -)* : p. 35.
dondon *(une -)* : p. 37.
donzelle *(une -)* : p. 46.

donner *(v.)* : p. 55.
dos *(plein le -)* : p. 33.
draguer *(v.)* : p. 44.
dragueur *(un -)* : p. 44.
drapeau *(un -)* : p. 11.
draps *(dans de beaux -)* : p. 12.
drille *(un joyeux -)* : p. 32.
drôlesse *(une -)* : p. 48.
D.S. *(un -)* : p. 6.
dur *(un -)* : p. 43.

E

écharper *(v.)*; écharper *(s'-)* : p. 57.
échiner *(s' -)* : p. 50.
écouter *(s' -)* : p. 33.
écrabouiller *(v.)* : p. 18.
écraser *(v.)* : p. 29.
écraser *(en -) (v.)* : p. 35.
effacer *(v.)* : p. 54.
efflanqué *(adj.)* : p. 37.
embarquer *(v.)* : p. 55.
emberlificoter *(v.)* : p. 28.
embêtant *(adj.)* : p. 32.
embêtement *(un -)* : p. 32.
embêter *(v.)* : pp. 32, 66.
embobiner *(v.)* : p. 64.
embringuer *(v.)* : p. 49.
éméché *(adj.)* : p. 25.
emmerdement *(un -)* : p. 32.
emmerdeur *(un -)* : pp. 32, 66.
emmerder *(v.)* : p. 32.
émoustillé *(adj.)* : p. 25.
empifrer *(s' -)* : p. 22.
empoisonnement *(un -)* : p. 32.
empoisonner *(v.)* : p. 32.
empoisonneur *(un -)* : p. 66.
endosse *(une -)* : p. 40.
engourdi *(adj.)* : p. 49.
engueuler *(v.)* : p. 57.
enquiquiner *(v.)* : p. 33.
enquiquineur *(un -)* : p. 66.
enticher de; s'enticher de *(v.)* : p. 60.
enveloppé *(bien -)* : p. 37.
envoyer *(s' - qq. ch.)* : p. 22.

minus *(un -)* : p. 45.
mioche *(un -)* : p. 59.
mirettes *(les -)* : p. 39.
mistoufle *(la -)* : p. 12.
miteux *(un -) (adj.)* : p. 44.
moche *(adj.)* : p. 18.
mocheté *(une -)* : p. 48.
moitié *(ma -)* : p. 47.
mollasse *(adj.)* : pp. 44, 49.
mollasson *(un -) (adj.)* : p. 44.
môme *(un -, une -)* : pp. 46, 59.
monôme *(un -)* : p. 7.
mornifle *(une -)* : p. 57.
morveux *(un -)* : p. 59.
motard *(un -)* : p. 54.
motif *(pour le bon -)* : p. 60.
moto *(une -)* : p. 17.
mouchard *(un -)* : p. 8.
moucharder *(v.)* : p. 8.
mouche *(une fine -)* : p. 30.
mouche *(prendre la -)* : p. 57.
mouflet *(un -),* moufflette *(une -)* : p. 59.
moufter *(v.)* : p. 29.
mouiller *(se -) (v.)* : p. 7.
mouise *(la -)* : pp. 9 et 12.
moukère *(une -)* : p. 46.
moule *(une -)* : p. 44.
moulin *(le -)* : p. 18.
moulin à paroles *(un -)* : p. 28.
moumoute *(une -)* : p. 40.
mouron *(du -)* : p. 12.
mousse *(se faire de la -)* : p. 12.
moutard *(un -)* : p. 59.
mouton *(un -)* : p. 54.
moyenne *(la -)* : p. 18.
moyens *(les -)* : p. 11.
mufle *(le -)* : p. 38.
mufle *(un -)* : p. 66.
mûr *(adj.)* : p. 25.
mur *(faire le -)* : p. 63.
museau *(le -)* : p. 39.

N

nabot *(un -)* : p. 37.
nager *(v.)* : p. 6.
nana *(une -)* : p. 48.

navet *(du sang de -)* : p. 37.
navet *(un -)* : p. 51.
néné *(un -)* : p. 40.
nerf *(du -)* : p. 49.
nerfs *(manque de-)* : p. 37.
nez *(du -)* : p. 30.
nez creux *(le -)* : p. 30.
nez *(il fourre son -)* : p. 66.
nez *(avoir dans le -)* : p. 67.
nichon *(un -)* : p. 40.
nid *(un -)* : p. 16.
nigaud *(un -)* : p. 31.
niguedouille *(adj.)* : p. 31.
nippé *(adj.)* : pp. 13 et 15.
nippes *(les -)* : p. 13.
noir *(adj.)* : p. 25.
nouba *(la -)* : p. 32.
nougats *(les -)* : p. 41.
nouille *(une -)* : p. 31.
noyaux de pêches *(un lit en -)* : p. 35.
nullard *(un -) (adj.)* : p. 31.

O

œil *(à l' -)* : p. 10.
œil *(ne dormir que d'un -)* : p. 36.
oie blanche *(une -)* : p. 46.
oignons *(s'occuper de ses -)* : p. 66.
oreilles *(dormir sur les deux -)* : p. 36.
oseille *(de l' -)* : p. 9.

P

paddock *(le -)* : p. 35.
paf *(adj.)* : p. 25.
page *(le -)* : p. 35.
pageot *(le -)* : p. 35.
pain *(du - sur la planche)* : p. 49.
palabrer *(v.)* : p. 27.
paluche *(la -)* : p. 41.
panaché *(un-)* : p. 24.
panade *(dans la -)* : p. 9.
panard *(un -)* : p. 41.

Q

R

râler *(v.)* : pp. 27, 64.
ramdam *(du -)* : p. 28.
ramée *(une -) (il n'en fiche pas une -)* : pp. 8, 50.
ramponneau *(un -)* : pp. 53, 57.
rapiat *(adj.) (un -)* : p. 10.
raquer *(v.)* : p. 10.
raser *(v.)* : p. 33.
raseur *(un -)* : pp. 32, 66.
ras le bol : p. 33.
rasoir *(adj.)* : p. 5.
rat *(adj.)* : p. 10.
rata *(du -)* : p. 21.
ratatouille *(de la -)* : p. 21.
rat d'hôtel *(un -)* : p. 52.
raté *(un -)* : p. 44.
rater *(v.)* : p. 51.
ravaler la façade *(se -)* : p. 42.
ravigoter *(v.)* : p. 22.
rebiffer *(se -)* : p. 57.
recaler *(v.)* : p. 8.
récré *(une -)* : p. 7.
recta *(adv.)* : p. 10.
refiler *(v.)* : p. 10.
refroidir qq. *(v.)* : p. 54.
règlement de comptes *(un -)* : p. 53.
regonfler *(v.)* : p. 62.
reluquer *(v.)* : p. 57.
rembarrer *(v.)* : p. 57.
remettre ça *(v.)* : p. 51.
renard *(un -)* : p. 30.
repiquer *(v.)* : p. 22.
requinquer *(v.) (se -)* : p. 58.
resquille *(la -)* : p. 30.
resquiller *(v.)* : p. 30.
resquilleur *(un -)* : p. 30.
ressort *(du -)* : pp. 37, 49.
retaper *(v.)* : p. 35.
retors *(adj.)* : p. 10.
rêvasser *(v.)* : p. 49.
rêvasserie *(de la -)* : p. 49.
revenez-y *(un goût de -)* : p. 22.
ribouis *(les -) (masc.)* : p. 14.
ribouldingue *(la -)* : p. 32.
ricaner *(v.)* : p. 34.
richard *(un -) (adj.)* : p. 11.
ric-rac *(payer -)* : p. 11.
rigolade *(la -)* : p. 32.
rigolard *(un -)* : p. 32.
rigoler *(v.)* : p. 34.

rigolo *(adj.) (un -)* : pp. 32, 34.
rigolo *(un -)* : p. 54.
rincer la dalle *(se -)* : p. 23.
rincette *(une -)* : p. 24.
ripatons *(les -) (masc.)* : p. 41 .
rire jaune *(v.)* : p. 34.
risette *(faire -)* : p. 34.
roberts *(les -) (masc.)* : p. 40.
rombière *(une -)* : p. 47.
ronchonner *(v.)* : p. 27.
rond *(adj.)* : pp. 10, 25.
rond *(un -)* : p. 9.
rondouillet *(adj.)* : p. 37.
ronflette *(une -)* : p. 35.
rosse *(une -) (adj.)* : p. 5.
rossée *(une -)* : p. 53.
roublard *(adj.)* : p. 30.
roublardise *(la -)* : p. 30.
rouflaquette *(une -)* : p. 40.
roulé *(bien -) (adj.)* : pp. 37, 48.
rouler *(v.)* : pp. 52, 64.
rouler sur l'or : p. 11.
roulure *(une -)* : p. 46.
roupiller *(v.)* : p. 35.
roupillon *(un -)* : p. 35.
rouquin *(un -). rouquine (une -)* : p. 40.
rouscailler *(v.)* : p. 64.
rouspéter *(v.)* : pp. 27, 64.
rupin *(adj.)* : p. 11.

S

sable *(le marchand de -)* : p. 35.
saboté *(adj.)* : p. 51.
sac *(le gros -)* : p. 11.
sagouin *(un -)* : p. 47.
saigner à blanc ; saigner aux quatre veines :
    p. 10.
sainte-nitouche *(une -)* : p. 48.
saint-frusquin *(le -)* : p. 13.
salade *(une -)* : p. 8.
salaud *(un -)* : pp. 47, 67.
salé *(adj.)* : p. 10.

T

V

Quelques livres

Ce cahier doit beaucoup :

Au **Petit Robert,** *société du Nouveau Littré. Ce dictionnaire :*
— *fait une bonne place aux termes familiers et populaires,*
— *place auprès de certains mots une série de termes analogiques.*
Au **Nouveau Dictionnaire Analogique de Delas (O. et D.),** *Éditions Tchou.*
A Pierre Guiraud : **Le Français populaire,** *« Que Sais-je ? »* 1172.
La place faite à l' « Argot » a été réduite ici — en principe — aux mots d'argot passés dans la langue familière. Cependant, on a consulté les dictionnaires d'argot : Esnault : (Éd. Larousse), Simonin : (N.R.F.), Aug. Le Breton : (Presse-Pocket).

Bibliographie complémentaire :

J. DUBOIS : *Dict. du français contemporain* (Larousse)

A. SAUVAGEOT : *Français écrit, français parlé* (Larousse) *Analyse du français parlé* (Hachette)

A. MARTINET : *Le français sans fard* (P.U.F.)

P. GUIRAUD : *L'Argot* (Que sais-je?) n° 700

P. GILBERT : *Dictionnaire des mots nouveaux* (Hachette-Tchou)

GIRAUD (J.), PAMART (P.), RIVERAIN (J.) : *Les Mots dans le vent,* et *Les Nouveaux mots dans le vent* (Larousse)

Ouvrages écrits en français populaire ou contenant du français populaire :
Romans ou œuvres autobiogr. de L.-F. CÉLINE. Ou de ses disciples : p. ex. CAVANNA Voir aussi : R. PINGET, R. QUENEAU. Le théâtre de OBALDIA, d'ARRABAL, certaines pièces de ANOUILH... Les dialogues de cinéma de AUDIARD (...) De nombreux romans policiers directement écrits en français, etc.

Illustrations de Barbara de Brunhoff

Table

Imprimé en France par l'Imprimerie Hérissey à Évreux - N° 31500.
Dépôt légal n° 6142-2-1983 - Collection n° 06 - Édition n° 05

 15/4543/3